Jochen Abr. Frowein

Zur verfassungsrechtlichen Lage der Privatschulen

Zur verfassungsrechtlichen Lage der Privatschulen

unter besonderer Berücksichtigung der kirchlichen Schulen

von
Jochen Abr. Frowein

1979

W DE G

Walter de Gruyter · Berlin · New York

CIP-Kurztitelaufnahme der Deutschen Bibliothek

Frowein, Jochen Abr.:
Zur verfassungsrechtlichen Lage der Privatschulen: unter bes. Berücks. d. kirchl. Schulen / von Jochen Abr. Frowein. – Berlin, New York: de Gruyter 1979.
ISBN 3-11-008023-0

Printed in Germany
Satz und Druck: Mercedes-Druck, 1000 Berlin 61
Bindearbeiten: Wübben, 1000 Berlin 42

Vorwort

In einer Zeit, in der Schulreformen durchgeführt werden, sind Privatschulen von großer Bedeutung. Ihre Geschichte hat gezeigt, daß sie sowohl neue Anregungen im Schulwesen vermitteln können, als auch stabilisierende Funktionen wahrzunehmen in der Lage sind.

Die vorliegende Untersuchung ist aus einem Rechtsgutachten hervorgegangen, das der Verfasser für die Evangelische Kirche in Deutschland erstattet hat. Sie ist aber keineswegs allein für kirchliche Schulen in freier Trägerschaft bedeutsam. Zwar werden die Besonderheiten kirchlicher Schulen, die sich aus den staatskirchenrechtlichen Garantien des Grundgesetzes ergeben, eingehend erörtert. Darüber hinaus wird aber die verfassungsrechtliche Lage der Privatschulen, insbesondere die Begrenzung der Schulaufsicht über Privatschulen grundsätzlich behandelt. Da auf diesem Gebiet immer wieder Unsicherheiten auftreten, erscheint eine Klärung der Rechtsfragen für alle Privatschulen wichtig.

Bielefeld, im Januar 1979

Jochen Abr. Frowein

Inhaltsverzeichnis

1. Die Privatschulgarantie im Verfassungsrecht

1.1 Art. 7 Abs. 4 GG als Grundrecht der Privatschulfreiheit

Art. 7 Abs. 4 GG gewährleistet das Recht zur Errichtung von privaten Schulen und enthält damit ein echtes Individualgrundrecht. Das ist in der Literatur und in der Rechtsprechung des Bundesverfassungsgerichts anerkannt[1].

Art. 7 Abs. 4 gewährleistet nicht nur die Gründungsfreiheit, sondern auch das Recht der Eltern, ihre Kinder in Privatschulen zu schicken. Soweit allerdings damit der gesetzlich festgelegten Schulpflicht genügt werden soll, muß es sich bei der Privatschule um eine Ersatzschule im Sinne von Art. 7 Abs. 4 S. 2 handeln, für die zusätzliche Anforderungen gestellt werden können. Diese zusätzlichen Voraussetzungen werden noch näher zu erörtern sein.

Wesentlich ist schon im Zusammenhang mit der Grundrechtsgewährleistung in Art. 7 Abs. 4 die Erkenntnis, daß das Recht der Eltern, ihre Kinder auf genehmigte Ersatzschulen zu schicken, in der Privatschulgarantie als ein zusätzliches Elterngrundrecht enthalten ist. Das Bundesverfassungsgericht hat das ausdrücklich anerkannt, als es eine Regelung für mit Art. 7 Abs. 4 GG unvereinbar erklärt hat, nach der es unzulässig war, eine private Ersatzschule in den Schuljahrgängen 5 und 6 anstelle einer Förderstufe zu besuchen. In seiner Entscheidung zur Einführung der Förderstufe in Hessen hat das Bundesverfassungsgericht aus der Gewährleistung der Privatschule in Art. 7 Abs. 4 GG das Recht der Eltern abgeleitet, private Ersatzschulen, die in Wettbewerb mit der öffentlichen Schule stehen, zu wählen. Es hat ausdrücklich darauf hingewiesen, daß das Grundgesetz auch der Privatschule eine ihrer Eigenart entsprechende Verwirklichung sichert und ihr einen Bereich beläßt, in dem sie den Unterricht frei von staatlichem Einfluß eigenverantwortlich gestalten und prägen kann. Diese Entscheidung des Grundgesetzes sei auch dort zu beachten, wo es um das Verhältnis des Schulbenutzers zur Schule gehe. Daraus folge das Recht der Eltern, ihre Kinder in eine private Ersatzschule zu schicken, die den Voraussetzungen des Art. 7 Abs. 4 S. 3 GG entspreche[2].

---

1 BVerfGE 27, S. 195, 200; *Maunz* in: *Maunz/Dürig/Herzog/Scholz*, Art. 7 Rdnr. 64; *Wolff/Bachof*, Verwaltungsrecht II, 4. Aufl., 1976, S. 439; *Heckel*, Deutsches Privatschulrecht, 1955, S. 206 f.

2 BVerfGE 34, S. 165, 197 f.

Die insofern sehr umfassend gewährleistete Privatschulfreiheit findet allerdings an den in Art. 7 Abs. 4 S. 2 und 3 geregelten Voraussetzungen für Ersatzschulen ihre Grenzen, die näherer Erörterung bedürfen.

1.2 Die Relativierung der Privatschulfreiheit für Ersatzschulen

Art. 7 Abs. 4 S. 2 GG bestimmt, daß private Schulen als Ersatz für öffentliche Schulen der Genehmigung des Staates bedürfen und den Landesgesetzen unterstehen. Satz 3 legt einen Anspruch auf Genehmigung für private Schulen fest, die in ihren Lehrzielen und Einrichtungen sowie in der wissenschaftlichen Ausbildung ihrer Lehrkräfte nicht hinter den öffentlichen Schulen zurückstehen und eine Sonderung der Schüler nach den Besitzverhältnissen der Eltern nicht fördern. Die Genehmigung ist nach der ausdrücklichen Regelung in Abs. 4 S. 4 zu versagen, wenn die wirtschaftliche und rechtliche Stellung der Lehrkräfte nicht genügend gesichert ist.

Es besteht Übereinstimmung darüber, daß Art. 7 Abs. 4 GG nicht eine „Gleichartigkeit" der Ersatzschule mit der staatlichen Schule fordert, sondern nur deren „Gleichwertigkeit". Da gerade die Ersatzschule, in der die Schulpflicht erfüllt werden kann, als Absage an ein staatliches Schulmonopol und als eine Entscheidung für die Freiheit im Schulwesen verstanden werden muß, ist diese Erkenntnis besonders wesentlich. Das Bundesverfassungsgericht hat es als Bestandteil der Garantie des Art. 7 Abs. 4 bezeichnet, daß der Privatschule eine ihrer Eigenart entsprechende Verwirklichung gesichert ist. Der dem staatlichen Einfluß damit entzogene Bereich sei dadurch gekennzeichnet, daß in der Privatschule ein eigenverantwortlich geprägter und gestalteter Unterricht erteilt werde, insbesondere soweit er die Erziehungsziele, die weltanschauliche Basis, die Lehrmethode und Lehrinhalte betreffe. Diese Gewährleistung bedeute die Absage an ein staatliches Schulmonopol und sei zugleich eine Wertentscheidung, die eine Benachteiligung gleichwertiger Ersatzschulen gegenüber den entsprechenden staatlichen Schulen allein wegen ihrer andersartigen Erziehungsformen und -inhalte verbiete[3].

Das Bundesverwaltungsgericht hat zutreffend festgestellt, daß der Landesgesetzgeber das Grundrecht, eine Ersatzschule zu begründen und zu betreiben, nicht dadurch einschränken dürfe, daß die Behörde für die

---

[3] BVerfGE 27, S. 195, 200f.

Erteilung der Genehmigung weitere als die in Art. 7 GG bestimmten Voraussetzungen verlange[4].

Es ist unzweifelhaft, daß die Entscheidung, was im Einzelfall als „gleichwertig" angesehen werden kann, bei der Genehmigung von Ersatzschulen unter Umständen zu erheblichen Divergenzen bei der Beurteilung führt. Auch kommt es offenbar immer wieder vor, daß die zuständigen Genehmigungsbehörden den Versuch machen, andere als die in Art. 7 Abs. 4 GG festgelegten Genehmigungsvoraussetzungen zu fordern und ihre Genehmigung davon abhängig zu machen. So hat etwa das Verwaltungsgericht Minden durch ein Urteil den Kultusminister des Landes Nordrhein-Westfalen verpflichtet, dem evangelischen Schulverein der von Bodelschwinghschen Anstalten e. V. die Genehmigung zur Errichtung einer Fachoberschule für Sozialpädagogik ohne die Maßgabe der organisatorischen und wirtschaftlichen Zusammenfassung mit anderen vom Kläger bereits betriebenen Schulen zu erteilen. Der Schulverein hatte den Antrag auf Genehmigung gestellt, der Kultusminister hatte nur mit der Maßgabe der organisatorischen Zusammenfassung mit anderen Schulen eine Genehmigung erteilt. Das Verwaltungsgericht hat das zutreffend als im Widerspruch zu Art. 7 Abs. 4 GG und § 37 Abs. 1 und 2 Schulordnungsgesetz des Landes Nordrhein-Westfalen (SchOG NW) angesehen und den Kultusminister verpflichtet, eine unbeschränkte Genehmigung zu erteilen[5].

Engere Grenzen ergeben sich auch nicht daraus, daß Art. 7 Abs. 4 S. 2 GG die Ersatzschulen ausdrücklich den Landesgesetzen unterstellt. Man könnte erwägen, ob daraus die Möglichkeit folgt, über Art. 7 Abs. 4 S. 3 und 4 hinaus Anforderungen an die Ersatzschulen zu stellen. Das kann indessen nicht angenommen werden, weil sonst die in Art. 7 Abs. 4 S. 3 enthaltene Gewährleistung eines Anspruches auf Genehmigung der Ersatzschule leerlaufen würde. Offenbar ist die Formulierung in Art. 7 Abs. 4 S. 2, daß die privaten Schulen als Ersatz für öffentliche Schulen der Genehmigung des Staates bedürfen und den Landesgesetzen unterstehen, ohne weitere Erörterung aus Art. 147 Abs. 1 S. 1 der Weimarer Reichsverfassung übernommen worden. In dieser Bestimmung hatte der Hinweis auf die Landesgesetze den Grund darin, daß die Landeskompetenz herausgehoben werden sollte, nachdem Art. 146 Abs. 2 eine Gesetz-

[4] BVerwGE 12, S. 349; BVerwG DÖV 1970, S. 566 f.

[5] Urteil vom 14. 9. 1977 3 K 947/75.

gebungskompetenz des Reiches für die Grundsätze des Schulwesens festgelegt hatte[6].

Auch das Bundesverfassungsgericht bezieht die Formulierung in Art. 7 Abs. 4 S. 2 offenbar allein auf die Landesgesetzgebungskompetenz, wenn es in der mehrfach genannten Entscheidung ausdrücklich ausführt, die Länder hätten nicht nur die Gesetzgebungszuständigkeit für das Privatschulwesen, die Privatschulen unterstünden nach Art. 7 Abs. 1 GG auch ihrer Schulaufsicht[7].

Maunz weist darauf hin, daß der Landesgesetzgeber bei der Gestaltung des Rechts der Ersatzschulen ungeachtet der zwingenden Bestimmungen des Art. 7 Abs. 4 und 5 einen nicht unbeträchtlichen Spielraum habe. Insbesondere könne er das Genehmigungsverfahren sehr entgegenkommend, aber auch weniger locker festlegen und handhaben. Er könne dafür sorgen, daß auch Ersatzschulen genehmigt würden, die die Voraussetzungen aus Art. 7 Abs. 4 S. 3 nicht oder noch nicht erfüllten[8].

Für die kirchlichen Schulen erscheint es bedeutsam, daß der Staat in Konkordaten und Staatskirchenverträgen sich ausdrücklich in vielen Fällen zur Förderung der kirchlichen Privatschulen verpflichtet hat. Man wird daraus ableiten können, daß auch das Genehmigungsverfahren für Ersatzschulen grundsätzlich entgegenkommend durchzuführen ist. Freilich ist deutlich, daß die eigentliche Schwierigkeit nicht bei der in Art. 7 Abs. 4 S. 2 vorgesehenen Genehmigung als Ersatzschule liegt, sondern bei der sogleich zu erörternden Problematik der sogenannten anerkannten Ersatzschule.

Immerhin erscheint es wesentlich, die Begrenzung des staatlichen Einflusses auf Ersatzschulen, die in Art. 7 Abs. 4 GG niedergelegt ist, gerade auch in Bezug auf die Situation der Schulreform in den Bundesländern zu betrachten.

Art. 7 Abs. 4 legt die Gleichwertigkeit der Lehrziele als Voraussetzung für die Genehmigung fest. Es könnte die Frage auftauchen, ob damit Schulreformen bei den öffentlichen Schulen automatisch dazu führen, daß Privatschulen, die an einem herkömmlichen System festhalten, nicht mehr als gleichwertig anerkannt werden könnten. Das Problem könnte

---

6 Siehe dazu auch *Anschütz,* Die Verfassung des Deutschen Reiches, 14. Aufl. 1933, Neudruck 1965, Art. 147 Ziff. 1, S. 683.

7 BVerfGE 27, S. 195, 201.

8 *Maunz* in: *Maunz/Dürig/Herzog/Scholz,* Art. 7 Rdnr. 79.

sich beispielsweise für Regelungen der reformierten Oberstufe wie für die Einführung einer Orientierungs- oder Förderstufe stellen. Gerade in derartigen Fällen würde die Unbestimmtheit des Begriffes der Gleichwertigkeit zu erheblichen Unsicherheiten führen, wenn der Staat den Versuch machte, die Gleichwertigkeit infrage zu stellen.

Will man nicht das Bekenntnis des Grundgesetzes zur Freiheit im Erziehungswesen über den Umweg der Gleichwertigkeit aufheben, so wird man nicht bezweifeln können, daß Reformen des staatlichen Schulwesens, die der Landesgesetzgeber als wünschenswert ansieht, nicht automatisch die Folge haben können, daß bisher als gleichwertig angesehene Privatschulen diese Qualität verlieren. Diese Auffassung hat offenbar auch das Bundesverfassungsgericht in der Entscheidung zur Hessischen Förderstufe zum Ausdruck bringen wollen, als es ganz deutlich den Wettbewerb der Privatschule als Ersatzschule mit der öffentlichen Schule betont und als Verwirklichung der Privatschulfreiheit bezeichnet hat[9].

1.3 Die weitere Relativierung der Privatschulfreiheit durch die „Anerkennung" der Ersatzschule

Im deutschen Schulsystem, das herkömmlich den Abschlußzeugnissen der öffentlichen Schulen erhebliche Rechtswirkungen für die weitere Ausbildung, insbesondere das Studium, beilegt, ist es für die Privatschule, die mit der allgemeinen öffentlichen Schule konkurriert, essentiell, daß sie zu denselben Abschlüssen wie die öffentliche Schule führt. Art. 7 Abs. 4 GG regelt die Frage nicht ausdrücklich, ob Abschlußzeugnisse der genehmigten Ersatzschulen denen öffentlicher Schulen gleichstehen.

Man könnte meinen, daß die in der Genehmigung zum Ausdruck kommende Gleichwertigkeit mit der öffentlichen Schule diese Konsequenz haben müßte. Dagegen spricht auch nicht, daß die Gleichwertigkeit gemäß Art. 7 Abs. 4 S. 3 GG vor Errichtung der Schule festzustellen ist. Die in Art. 7 Abs. 1 GG geregelte Schulaufsicht hat nämlich die Gleichwertigkeit auch weiterhin zu gewährleisten. Das wird noch näher darzulegen sein.

Daß Art. 7 Abs. 4 die Genehmigung der Ersatzschule als gleichwertiger Schule für entscheidend hält, konnte zu dem Schluß führen, daß bei gegebener Gleichwertigkeit auch die „Anerkennung" der Ersatzschule erfolgen müsse, nach der die Zeugnisse und die Abschlüsse der Ersatzschule die gleiche Wirkung wie die öffentlicher Schulen haben.

---

[9] BVerfGE 34, S. 165, 197.

Ein Anspruch der als gleichwertig genehmigten Ersatzschule auf die Anerkennung wird zum Teil in der Literatur bejaht[10].

Das Bundesverfassungsgericht hat sich indessen nach eingehender Erörterung dieser Auffassung nicht angeschlossen. Es hat sich darauf berufen, daß herkömmlich mit dem Begriff der Ersatzschule Berechtigungen oder „Öffentlichkeitsrechte" nicht verbunden worden seien, so daß die Schüler der nichtanerkannten Ersatzschule sich beim Abschluß ihrer Ausbildung stets einer besonderen „Externenprüfung" an der entsprechenden öffentlichen Schule oder vor einer staatlichen Kommission unterziehen mußten. Dieser herkömmliche, die Berechtigungen oder Öffentlichkeitsrechte nicht mit umfassende Ersatzschulbegriff liege auch dem Art. 7 Abs. 4 S. 2 GG zugrunde. Weder aus dem Wortlaut noch aus dem Sinn der Regelung des Artikels könne eine staatliche Verpflichtung entnommen werden, den Ersatzschulen derartige Berechtigungen einzuräumen. Es sei davon auszugehen, daß das Grundgesetz die Frage der Berechtigungen nicht ausdrücklich behandelt habe, so daß die Annahme naheliege, diese Regelung solle dem Landesgesetzgeber überlassen bleiben.

Die in Art. 7 enthaltene Regelung der Genehmigungsvoraussetzungen habe den Sinn, die Allgemeinheit vor unzureichenden Bildungseinrichtungen zu schützen. Wenn aber eine anerkannte Privatschule den Bildungsgrad ihrer Schüler mit öffentlich-rechtlicher „Außenwirkung" feststelle, d.h. öffentlich-rechtliche Zugangsberechtigungen vermittle oder Berechtigungen zur Führung einer Berufsbezeichnung erteile, dann übe sie hoheitliche Funktionen aus, die ihr aus dem privatrechtlichen Status nicht zukommen, sondern von einem Hoheitsträger übertragen werden müßten[11]. Das Gericht lehnt sogar einen verfassungsverbürgten Anspruch auf staatliche Anerkennung derjenigen Ersatzschulen ab, die die Genehmigungsvoraussetzung des Art. 7 Abs. 4 S. 3 GG auf Dauer erfüllen[12]. Allerdings erkennt das Bundesverfassungsgericht an, daß es eine wesentliche Aufgabe der Schule ist, zu den Berechtigungen hinzuführen. Es würde deshalb gegen Art. 7 Abs. 4 GG verstoßen, wenn der Staat den

---

10 *H. Heckel*, Deutsches Privatschulrecht, 1955, S. 243 ff.; *H. Peters*, Elternrecht, Erziehung, Bildung und Schule, in: Die Grundrechte Bd. IV/1, 1960, S. 436 f.; *Maunz* in: *Maunz/Dürig/Herzog/Scholz* Art. 7 Rdnr. 81 Anm. 4, allerdings eingeschränkt; *v. Campenhausen*, Erziehungsauftrag und staatliche Schulträgerschaft, 1967, S. 63 f.

11 BVerfGE 27, S. 195, 202–204.

12 A. a. O., S. 205 ff.

Schülern von Ersatzschulen den Weg zu den Berechtigungen versperrte. Ebenso müsse der Staat bei der Beurteilung, ob einer Privatschule die Berechtigung zuzuerkennen sei, den besonderen Erziehungszielen der Privatschule Rechnung tragen, soweit dies bei Würdigung von Inhalt und Bedeutung der Berechtigung, insbesondere unter Beachtung des Gebotes der „Gleichheit der Startchancen", möglich sei. Andererseits liege es aber, so führt das Gericht ausdrücklich aus, im Wesen derartiger Berechtigungen, daß das Prinzip der „Gleichwertigkeit" gegenüber dem Prinzip der „Gleichartigkeit" weitgehend zurücktreten müsse. Darüber hinaus bestimmten Grad und Inhalt der von den öffentlichen Schulen vermittelten Schulausbildung die Voraussetzungen, unter denen die Berechtigung erteilt werde, da der Staat bei der Ordnung des Berechtigungswesens an die öffentliche Schule als Regelschule anknüpfen müsse[13].

Das Bundesverfassungsgericht erkennt freilich selbst, daß damit eine erhebliche Gefahrenquelle für den Freiheitsraum geschaffen worden ist, der durch Art. 7 Abs. 4 GG gewährleistet wird. Es betont deswegen ausdrücklich, daß die Länder das Institut der Anerkennung und die mit ihm verbundenen wirtschaftlichen Vorteile nicht dazu benutzen dürften, die Ersatzschulen zur Anpassung an die öffentlichen Schulen in einem „der Sache nach" nicht gebotenen Umfang zu veranlassen oder unter Verletzung des Gleichheitsgebotes einzelne Privatschulen gegenüber anderen Schulen zu benachteiligen. Es würde danach mit Art. 7 Abs. 4 S. 1 GG nicht zu vereinbaren sein, wenn die Ersatzschulen ohne sachlichen Grund zur Aufgabe ihrer Selbstbestimmung veranlaßt werden würden[14].

Die Entscheidung des Bundesverfassungsgerichts vom 14. November 1969 ist mehrfach scharf kritisiert worden. Man hat in ihr eine Weichenstellung gesehen, die es den Ländern ermöglicht, über die für die Ersatzschulen lebenswichtige Anerkennung einen außerordentlich weitgehenden Einfluß auszuüben. Wenn die Anerkennung als Prämie auf bewährte Gleichartigkeit angesehen werde, so meinte Link, dann werde die Privatschulfreiheit gerade in ihrer eigentümlichen Funktion für die Bildungspolitik geschwächt[15].

---

[13] A. a. O., S. 206 f.

[14] A. a. O., S. 209.

[15] Anmerkung zu der Entscheidung des Bundesverfassungsgerichts in JZ 1971, S. 551, 553; ähnlich kritisch zu der Entscheidung auch *H. Säcker*, Zum Anspruch der Privatschulen auf staatliche Anerkennung, DVBl. 1971, S. 537 ff., 539; zustimmend dagegen *Plümer*, dortselbst S. 540 ff.

Das Bundesverfassungsgericht hat aber in einer Entscheidung vom 21. Juni 1974 zur Problematik der Errichtung von privaten Fachhochschulen seine Ausführungen über die staatlich anerkannten Privatschulen und deren Angleichung an die öffentlichen Schulen ausdrücklich bestätigt. Daß die starke Angleichung der staatlich anerkannten Privatschulen an die öffentlichen Schulen mit dem Grundgesetz vereinbar sei, und nicht, auch nicht im Hinblick auf Art. 3 GG, die Grundrechte anderer Ersatzschulen verletze, habe das Gericht bereits ausgesprochen. Diese an die öffentlichen Schulen viel stärker angelehnte Stellung der staatlich anerkannten Privatschulen, die bei der Erfüllung ihrer Aufgaben im Berechtigungswesen mittelbar staatliche Verwaltung ausübten, sei ein ausreichender sachlicher Grund für die Differenzierung zwischen anerkannten und nur genehmigten Ersatzschulen[16].

Es ist deutlich, daß das Bundesverfassungsgericht seine Auffassung wesentlich darauf gründet, daß das Berechtigungswesen herkömmlich in Deutschland zu den staatlichen Aufgaben gehört und anerkannte Privatschulen damit als Beliehene angesehen werden müssen, die eigentlich staatliche Aufgaben erfüllen. Das Bundesverfassungsgericht spricht denn auch in der Entscheidung von 1969 ausdrücklich von der Beleihung der Schule, in der Entscheidung von 1974 sogar von mittelbar staatlicher Verwaltung, die von der Schule ausgeübt werde[17]. Es ist nicht ohne Interesse festzustellen, daß die Einordnung der Erteilung von Zeugnissen durch anerkannte Privatschulen keineswegs unumstritten ist. Eine gewichtige Meinung in der Literatur geht davon aus, daß es sich bei der Anerkennung derartiger Berechtigungen um die wirkliche „Anerkennung" einer aufgrund des Freiheitsrechtes in Art. 7 Abs. 4 mit entsprechender staatlicher Kontrolle ergangenen Entscheidung handle. Es sei gerade nicht die staatliche Übertragung von Hoheitsbefugnissen auf die anerkannte Privatschule, die hier maßgebend sei[18].

---

[16] BVerfGE 37, S. 314, 324.

[17] BVerfGE 27, S. 195, 202; 37, S. 314, 324.

[18] So schon *Maunz* in: *Maunz/Dürig/Herzog/Scholz*, Art. 7 Rdnr. 90; *Link*, JZ 1971, S. 552; *H. H. Klein*, DÖV 1965, S. 759; *Lorenz*, Der Rechtsschutz des Bürgers und die Rechtsweggarantie, 1973, S. 110 m. w. N.; *v. Campenhausen*, a. a. O. S. 86 ff. sieht zwar das Berechtigungswesen auch als staatliche Aufgabe an, ist aber der Meinung, daß die anerkannte Privatschule nicht als Beliehener eingeordnet werden könne.

Die Problematik der Einordnung der Anerkennung der Privatschule und die unsichere Grundlage wird in einer neueren Arbeit über die öffentliche Verwaltung durch Private sehr deutlich. Udo Steiner stellt zunächst fest, die verfassungsrechtliche Garantie des Rechts zur Errichtung von privaten Schulen impliziere zumindest die Ermächtigung an den Gesetzgeber, die Zertifikate und Abschlüsse privater und öffentlicher Schulen gleich zu behandeln, solle die Garantie nicht praktisch leerlaufen. Diese Gleichstellung werde durch die Ausleihe staatlicher Rechtsmacht und nicht durch die staatliche Anerkennung einer in den Wirkungen der öffentlichen Gewalt angenäherten Privatrechtsmacht herbeigeführt. Er fügt hinzu, die Qualifikation als hoheitliche Rechtsmacht liege hier wegen der Parallelität der Befugnisse von staatlichen und privaten Schulen näher als die Einordnung in den Bereich einer staatlich anerkannten besonderen Privatrechtsmacht[19]. Die Rechtsfigur der Beleihung, die eingesetzt wird, um den besonderen staatlichen Einfluß im Rahmen der Anerkennung zu rechtfertigen, beruht danach auf einer normativ nicht weiter abgesicherten Unterscheidung zwischen der Vorstellung der Übertragung von Hoheitsmacht und der Anerkennung von im Rahmen von Art. 7 Abs. 4 GG geschützter privater Tätigkeit. Bei Berücksichtigung der normativen Lage erscheint es viel überzeugender, um ein Leerlaufen von Art. 7 Abs. 4 GG zu verhindern, bei Vorliegen der Gleichwertigkeit der Schule einen Rechtsanspruch auf die staatliche Anerkennung ihrer Zeugnisse und Abschlüsse zu gewähren.

Folgt man dem, so ergibt sich für das, was der Staat bei der Anerkennung fordern kann, unmittelbar eine schärfere Eingrenzung und Bestimmbarkeit. Aber auch wenn man mit dem Bundesverfassungsgericht den Akt der Anerkennung als Übertragung staatlicher Hoheitsmacht auf die Schule ansieht, so darf der Staat keinen unbegrenzten Einfluß auf Gleichartigkeit hin geltend machen. Zwar hat das Bundesverfassungsgericht, wie gezeigt wurde, eine gewisse Notwendigkeit der Gleichartigkeit anerkannt. Es hat aber andererseits auch hervorgehoben, daß das Institut der Anerkennung und die mit ihm verbundenen wirtschaftlichen Vorteile nicht dazu benutzt werden dürften, die Ersatzschulen zur Anpassung an die öffentlichen Schulen in einem der Sache nach nicht gebotenen Umfang

19 *Steiner*, Öffentliche Verwaltung durch Private, 1975, S. 81 mit Anm. 322.

zu veranlassen[20]. Es wird genauer festzustellen sein, was das im Einzelfall bedeutet.

1.4 Die Gefahr einer Aushöhlung der Privatschulgarantie über Anerkennung und Angleichung

In der Literatur mehren sich die Stimmen, die eine erhebliche Gefahr für das Privatschulwesen darin sehen, daß über das Institut der Anerkennung der Ersatzschule und ihre Subventionierung eine Aushöhlung der Privatschulfreiheit und des von Art. 7 Abs. 4 GG auch nach der Meinung des Bundesverfassungsgerichts gewährleisteten Wettbewerbs zwischen öffentlicher und privater Schule befürchten. Das anerkannte Lehrbuch des Verwaltungsrechts von Wolff-Bachof stellt nach einer kurzen Übersicht über die Ersatzschulfinanzregelungen fest, gegen manche Voraussetzungen, von denen staatliche Hilfe in einigen der genannten Gesetze abhängig gemacht würde, müßten verfassungsrechtliche Bedenken erhoben werden. Das gelte für die Differenzierung zwischen anerkannten und genehmigten Privatschulen, gegen die Forderung der Gleichartigkeit statt der Gleichwertigkeit sowie für einige andere, hier nicht wesentliche Regelungen. Allgemein tendierten die Subventionsregelungen zur – dem verfassungsrechtlichen Sinn der Privatschulfreiheit zuwiderlaufenden – finanziellen Prämierung einer „Imitation der Staatsschule“[21].

Überprüft man die rechtliche Regelung der Ersatzschulen und ihrer Anerkennung in den Bundesländern, so stellt man fest, daß nicht selten eine Kombination der Voraussetzungen für die Genehmigung und die Anerkennung erfolgt. Die Anerkennung wird dann als letzter Akt ausgesprochen, wenn die Gewähr dafür gegeben ist, daß die Genehmigungsvoraussetzungen auf Dauer erfüllt werden. Dabei zeigt sich eine deutliche Tendenz, die Genehmigungsvoraussetzungen nicht nur im Sinne einer Gleichwertigkeit der Ersatzschulen zu formulieren, sondern mehr oder weniger deutlich die Gleichartigkeit zu fordern.

---

20 Vgl. oben S. 7.

21 *Wolff/Bachof,* Verwaltungsrecht II, 4. Aufl 1976, S. 442; vgl. auch *J. P. Vogel,* Die neue Privatschulgesetzgebung oder: Von der Unfähigkeit deutscher Schulverwalter, über den eigenen Schatten zu springen, Recht der Jugend und des Bildungswesens 1974, S. 34 ff. Sehr kritisch auch die Bemerkungen bei *Seipp/Tenhof,* Die Privatschule, Vorschriftensammlung Bd. 1, V A I, S. 2 ff.

Die Forderung der Gleichartigkeit ist nach Art. 7 Abs. 4 GG für die genehmigte Ersatzschule allein unzulässig. Für die Anerkennung ist dagegen eine mindestens weitgehende Gleichartigkeit nach der Rechtsprechung des Bundesverfassungsgerichts als Anerkennungsvoraussetzung zulässig. Es bedarf aber im Einzelfall der Feststellung, ob die Gleichartigkeit in Bezug auf die Zielsetzung der Anerkennung als notwendig angesehen werden kann.

Eine Überprüfung der landesgesetzlichen Regelungen zeigt aber auch, daß die Privatschulgesetze die Voraussetzungen für die Genehmigung zum Teil entsprechend Art. 7 Abs. 4 GG weiter formulieren als die Ausführungsverordnungen zu diesen Gesetzen. Hier folgt bereits aus dem Vorrang des entsprechenden Landesgesetzes vor der Rechtsverordnung, daß die einschränkende Regelung unzulässig ist.

Ein erstes Beispiel für derartige Diskrepanzen zwischen der gesetzlichen Regelung und den Ausführungsverordnungen bietet das Privatschulrecht von Baden-Württemberg. Im Privatschulgesetz in der Neufassung vom 14. Mai 1968 findet sich für die Genehmigung von Ersatzschulen in § 5 eine wörtliche Übernahme der Genehmigungsvoraussetzungen aus Art. 7 Abs. 4 GG. Gemäß § 10 dieses Gesetzes verleiht das zuständige Ministerium einer Ersatzschule, welche die Gewähr dafür bietet, daß sie dauernd die aufgrund des Gesetzes an entsprechende öffentliche Schulen gestellten Anforderungen erfüllt, die Eigenschaft einer anerkannten Ersatzschule. Die Vorschriften zum Vollzug des Privatschulgesetzes vom 20. Juli 1971 (GBl. S. 347) enthalten unter 4. zur Genehmigung eine stärker zur Gleichartigkeit tendierende Umschreibung der Voraussetzungen. Danach setzt die Genehmigung einer Privatschule als Ersatzschule gemäß § 3 Abs. 1 Privatschulgesetz insbesondere voraus, daß „1. Lehrgegenstände, Lehrziel, Aufbau und Ausbildungsdauer mit denen einer im Land bestehenden entsprechenden öffentlichen Schule im wesentlichen übereinstimmen; 2. Lehr- und Anschauungsmittel, Unterrichtsräume und Laboratorien für Versuche und praktische Übungen gegenüber denjenigen einer entsprechenden öffentlichen Schule im wesentlichen gleichwertig sind."

Für die anerkannte Ersatzschule bestimmt Nr. 12 dieser Vorschriften, daß die gestellten Anforderungen von einer Ersatzschule erfüllt werden, wenn dem Unterricht ein von der Schulaufsichtsbehörde genehmigter Lehrplan zugrunde liegt, das Lehrziel der entsprechenden öffentlichen Schule erreicht wird, der Übertritt eines Schülers von der Ersatzschule an die entsprechende öffentliche Schule und umgekehrt ohne besondere

Schwierigkeiten möglich ist, die für die entsprechenden öffentlichen Schulen geltenden Aufnahme- und Versetzungsbestimmungen angewendet werden usw.

Es heißt ausdrücklich, daß diese Anforderungen unbeschadet der Vorschriften des § 5 Abs. 2 Privatschulgesetz gelten. Nach dieser Vorschrift sind Abweichungen in der inneren und äußeren Gestaltung der Schule, in der Lehr- und Erziehungsmethode sowie im Lehrstoff bei einer Ersatzschule möglich und stehen der Genehmigung nicht entgegen, sofern die Schule gegenüber den entsprechenden öffentlichen Schulen als gleichwertig betrachtet werden kann. Es ist nicht klar, was es für die Praxis bedeutet, wenn in den detaillierten Vorschriften zum Vollzug des Privatschulgesetzes die genannten Anerkennungsvoraussetzungen „unbeschadet der Vorschriften des § 5 Abs. 2 Privatschulgesetz" festgelegt werden. Es dürfte wohl deutlich sein, daß mit einer Anerkennung der Ersatzschule im allgemeinen nur bei einer weitgehenden Gleichartigkeit mit der öffentlichen Schule zu rechnen ist.

Ähnlich ist die Lage in Rheinland-Pfalz. Hier bestimmt das Privatschulgesetz vom 4. September 1970 in der Fassung vom 6. November 1974 (GVBl. S. 487, 512), daß die Genehmigung für private Ersatzschulen unter den Voraussetzungen des Art. 7 Abs. 4 GG zu erteilen ist (§ 6). Die Landesverordnung zur Durchführung des Landesgesetzes über die Privatschulen vom 24. August 1971 (GVBl. S. 209) legt dann in § 5 fest, eine Privatschule entspreche in ihren Lehr- und Erziehungszielen einer bestehenden oder grundsätzlich vorgesehenen öffentlichen Schule, wenn sie in Aufgabe und Struktur, in der Dauer des Bildungsgangs, in der Abgrenzung des Lehrstoffs sowie in den Lehr- und Erziehungsmethoden mit denen der öffentlichen Schule übereinstimme. Im Rahmen der Zielsetzung des § 1 Abs. 1 Privatschulgesetz seien Abweichungen in den Lehr- und Erziehungsmethoden und in der Abgrenzung des Lehrstoffs möglich, wenn die wesentlichen Merkmale der öffentlichen Schule nicht verloren gehen und die Aufgabe der öffentlichen Schule erfüllt wird.

Hier steht wiederum die Gleichartigkeit mit der öffentlichen Schule an erster Stelle, und in der Praxis wird es mindestens sehr nahe liegen, zuerst einmal diese Gleichartigkeit zu fordern.

Es scheint nicht verwunderlich, daß von Sachkennern die Auffassung vertreten wird, daß sich private Schulen grundsätzlich Abweichungen vom Lehrplan der öffentlichen Schule nur da erlauben könnten, wo das öffentliche „Plansoll" erreicht sei. Man könne dann nicht mehr von Abweichungen, sondern nur von Zusätzen sprechen. Das heute schon bald über jedem Schulanfänger schwebende Gespenst der Abschlußprüfung ziehe langsam, aber sicher auch das private Schulwesen in seinen Bann[22].

Auch Heckel betont, man versuche die grundgesetzlich geforderte Gleichwertigkeit zwischen Ersatzschulen und dem öffentlichen Schulwesen in die Forderung nach Gleichartigkeit umzumünzen[23]. J. P. Vogel legt dar, die bezüglich der Berechtigungen und öffentlicher Finanzierung am stärksten privilegierte Form der freien Schulen, die anerkannte Ersatzschule, sei, gemessen an Funktionsbestimmungen wie der, daß „die Privatschule das öffentliche Schulwesen durch besondere Formen des Unterrichts fördern und bereichern“ solle, die am wenigsten funktionale, denn sie tue nichts anderes als das, was die Staatsschule mache, und sie müsse dies tun, weil sie sonst ihre Privilegien verliere. Modellversuche scheiterten zumeist schon im Genehmigungsverfahren, da die Anerkennungsvoraussetzungen regelmäßig so interpretiert würden, daß die Gleichartigkeit auf staatliche Regelschulen, nicht aber auf staatliche Versuchsschulen bezogen werde[24].

Der Vorstellung, daß durch die Anerkennung einer Ersatzschule die Privatschulfreiheit nicht unterlaufen werden dürfe, entspricht am besten die gesetzliche Regelung in Nordrhein-Westfalen. Gemäß § 37 Abs. 5 SchOG in der Fassung vom 21. Februar 1978 (GVBl. S. 80) enthält eine Ersatzschule mit der Genehmigung das Recht, mit gleicher Wirkung wie öffentliche Schulen Zeugnisse auszustellen und unter Vorsitz eines staatlichen Prüfungsleiters Prüfungen abzuhalten. Die Voraussetzungen für die Genehmigung einer Ersatzschule sind gemäß § 37 Abs. 3 diejenigen, die in Art. 7 Abs. 4 GG genannt sind. Sie werden im Schulordnungsgesetz konkretisierend umschrieben. Gemäß § 37 Abs. 3a sind die Anforderungen an Lehrziele und Einrichtungen erfüllt, wenn die innere und äußere Gestaltung der Schule nach den Anforderungen, die im Lande Nordrhein-Westfalen gestellt werden, als gleichwertig anzusehen sind. Hier ist der Grundsatz der Gleichwertigkeit gegenüber dem der Gleichartigkeit eindeutig und klar gesetzlich festgelegt.

---

22 *Seipp/Tenhof,* Die Privatschule, Bd. 1, V A I, S. 4.

23 *Heckel,* Schulverwaltung im Zeichen der Bildungsreform, Wirklichkeit und Möglichkeiten, Recht der Jugend und des Bildungswesens 1974, S. 33.

24 *J. P. Vogel,* Die neue Privatschulgesetzgebung, Recht der Jugend und des Bildungswesens 1974, S. 34, 36.

Die Regelung im Schulrecht des Landes Nordrhein-Westfalen ist durch Art. 8 Abs. 4 der Landesverfassung vorgegeben, nach der die genehmigten Privatschulen die gleichen Berechtigungen wie die entsprechenden öffentlichen Schulen haben und ihnen ein Anspruch auf die zur Durchführung ihrer Aufgaben und zur Erfüllung ihrer Pflichten erforderlichen öffentlichen Zuschüsse gewährt wird. Diese Ausgestaltung ist mehrfach als beispielhaft und als die eigentlich richtige Konsequenz aus Art. 7 Abs. 4 GG gewürdigt worden[25].

Unzweifelhaft hat zu dem Druck auf Gleichartigkeit bei anerkannten und zum Teil sogar auch bei genehmigten Ersatzschulen die vom Bundesverwaltungsgericht entwickelte und inzwischen jedenfalls in der Praxis herrschend anerkannte Subventionierungspflicht des Staates für Ersatzschulen beigetragen. Es ist eine allgemeine Erfahrung, daß Subventionszuständigkeiten oder sogar -pflichten häufig zu einem erheblichen Einfluß auf den Subventionsempfänger führen. Die Problematik der Begründung einer Subventionspflicht des Staates für Ersatzschulen ist an dieser Stelle nicht weiter zu erörtern[26].

Legt man die oben näher dargestellte Rechtsprechung des Bundesverfassungsgerichts zugrunde, so kann für die anerkannte Ersatzschule eine von der Sache gebotene Gleichartigkeit mit der öffentlichen Schule verlangt werden. Die Frage ist nur, wie diese von der Sache gebotene Gleichartigkeit zu umschreiben ist. Das Bundesverfassungsgericht hat ausdrücklich darauf hingewiesen, daß die Anerkennung und die mit ihr etwa verbundenen wirtschaftlichen Vorteile nicht dazu benutzt werden dürften, die Ersatzschulen zur Anpassung an die öffentlichen Schulen in einem der Sache nach nicht gebotenen Umfang zu veranlassen. Es würde, wie das Gericht ausdrücklich hinzufügt, mit Art. 7 Abs. 4 S. 1 GG nicht zu vereinbaren sein, wenn die Ersatzschulen ohne sachlichen Grund zur Aufgabe

---

25 *v. Campenhausen*, Erziehungsauftrag und staatliche Schulträgerschaft 1967, S. 64; *Link*, JZ 1971, S. 552.

26 Vgl. dazu *Link*, Privatschulfinanzierung und Verfassung, JZ 1973, S. 1 f. mit umfassender Erörterung der Literatur und Rechtsprechung; *Rasenack*, Privatschule, Grundgesetz und privatwirtschaftliches Prinzip, DÖV 1974, S. 37 ff.; *Wolff/Bachof*, Verwaltungsrecht II, 4. Aufl., 1976, S. 441 f., der auf die Gefahr hinweist, daß Subventionsregelungen zur – dem verfassungsrechtlichen Sinn der Privatschulfreiheit zuwiderlaufenden – finanziellen Prämierung einer „Imitation der Staatsschule" tendieren.

ihre Selbstbestimmung veranlaßt werden würden[27]. Daraus folgt, daß eine vollständige Anpassung an die öffentliche Schule nicht verlangt werden kann. Das gilt auch und gerade für den Lehrplan und die Struktur der Schule. Man wird das Bundesverfassungsgericht dahin verstehen müssen, daß bei der anerkannten Ersatzschule lediglich die Gewähr geschaffen sein muß, daß die erteilten Berechtigungen denen der öffentlichen Schule entsprechen.

Folgt man der mit guten Gründen vertretbaren, freilich vom Bundesverfassungsgericht nicht übernommenen Auffassung, daß die genehmigte Ersatzschule, die die Voraussetzungen von Art. 7 Abs. 4 GG erfüllt, auch Anspruch auf die Anerkennung haben muß, so kann ohnehin für Anerkennung und Finanzierung nicht mehr als die in Art. 7 Abs. 4 GG umschriebene Gleichwertigkeit verlangt werden.

Insbesondere bei Schulen in kirchlicher Trägerschaft wird in jedem Fall zu berücksichtigen sein, daß beide Kirchen aufgrund einer langen Erfahrung hinsichtlich der Schulträgerschaft in besonderem Maße die Gewähr für eine Gleichwertigkeit der Schulen bieten. Das in der Vereinbarung des Landes Niedersachsen mit den evangelischen Landeskirchen in Niedersachsen über die Privatschulen vom 10. September bis 14. November 1957 niedergelegte Prinzip sollte allgemein als Grundlage für die Anerkennung kirchlicher Ersatzschulen Geltung beanspruchen können. § 3 dieser Vereinbarung lautet:

> „Bei der Entscheidung über die Verleihung der Eigenschaft einer anerkannten Privatschule gemäß § 8 Abs. 1 PrivSchG wird das Land berücksichtigen, daß die Landeskirchen als Träger von Ersatzschulen eine besondere Gewähr für die Erfüllung der Anforderungen bieten, die an gleichartige oder verwandte öffentliche Schulen gestellt werden[28]."

In derselben Vereinbarung bestimmt § 2, daß die Landeskirchen, ihre öffentlich-rechtlichen Verbände, Anstalten und Stiftungen und die ihnen angeschlossenen kirchlichen Institutionen darauf Bedacht nehmen werden, daß die von ihnen getragenen Privatschulen eigene pädagogische Wege gehen.

Das hier zum Ausdruck kommende Verständnis von der Rolle kirchlicher Privatschulen und von der staatlichen Einstellung ihnen gegenüber

---

27 BVerfGE 27, S. 195, 209.

28 Nds. Ministerialblatt 1957, S. 970, abgedruckt auch bei *Werner Weber*, Die deutschen Konkordate und Kirchenverträge der Gegenwart, 1962, S. 232.

erscheint beispielhaft und dem Grundsatz der Privatschulfreiheit in Art. 7 Abs. 4 des Grundgesetzes in optimaler Weise entsprechend.

Die besondere Problematik einer Tendenz zur Angleichung der anerkannten Ersatzschulen an die öffentlichen Schulen wird bei wesentlichen Änderungen des öffentlichen Schulsystems akut. Gerade hier kann es entscheidend sein, ob von der Privatschule die Gleichartigkeit oder nur die Gleichwertigkeit verlangt werden kann. Erhebliche Reformen des öffentlichen Schulwesens, wie sie in den letzten Jahren durchgeführt worden sind, können sicher nicht ohne genauere Erfahrungen dazu führen, daß Privatschulen, die der herkömmlichen Schulstruktur entsprechen, in ihren Abschlüssen nicht mehr als gleichwertig angesehen werden (vgl. S. 4 f.). Kann weitergehend die Gleichartigkeit der Privatschule mit der öffentlichen Schule verlangt werden, so liegt es nahe, anzunehmen, daß sämtliche Reformen von der Privatschule mitgemacht werden müssen. Es wird noch bei der Überprüfung des Maßstabes der Schulaufsicht gegenüber Privatschulen zu klären sein, inwieweit Reformen der Lehrpläne u. a., die in Verwaltungsvorschriften festgelegt werden, gegenüber Privatschulen zur Anwendung kommen können. Hier ist die entscheidende Frage, ob etwa die Anerkennungsvoraussetzungen für die Ersatzschule bei staatlichen Schulreformmaßnahmen nicht mehr vorliegen.

Relativ eindeutig ist hier wieder die Gesetzeslage in Nordrhein-Westfalen, wo die Zurücknahme der Genehmigung für Ersatzschulen an das Fehlen der Genehmigungsvoraussetzungen nach Art. 7 Abs. 4 GG gebunden ist (§ 39 Abs. 1 SchOG). Da die Genehmigung die Anerkennungsfolge hat, ergibt sich für das Land Nordrhein-Westfalen, daß eine Angleichung der anerkannten Ersatzschule an die staatlichen Schulen nur dann verlangt werden kann, wenn es sonst an der Gleichwertigkeit fehlen würde. Das ist in jedem Fall genau festzustellen. Nach dem bayerischen Gesetz über das Erziehungs- und Unterrichtswesen in der Fassung vom 15. Juli 1977 (GVBl. S. 349) müssen Ersatzschulen die Gewähr dafür bieten, daß sie dauernd die an gleichartige oder verwandte öffentliche Schulen gestellten Anforderungen erfüllen, um anerkannt werden zu können (Art. 20). Sie sind nach Art. 20 Abs. 2 verpflichtet, bei der Aufnahme, beim Vorrücken und beim Schulwechsel von Schülern sowie bei der Abhaltung von Prüfungen die für öffentliche Schulen vom zuständigen Staatsministerium gegebenen Anordnungen zu beachten. Diese Anordnungen müssen allerdings nach der ausdrücklichen Vorschrift die Möglichkeiten einer Abweichung in Lehr- und Erziehungsmethoden und in den Lehrstoffen bei Privatschulen beachten. Die Anerkennung ist zurückzunehmen, wenn die Voraussetzungen für die Anerkennung nicht mehr gegeben sind. Da gemäß Art. 10 dieses Gesetzes auch die Abweichungen in den Lehrplänen gegenüber den öffentlichen Schulen von dem zuständigen Staatsministerium festgelegt bzw. Ausnahmen genehmigt werden müssen, ist hier eine sehr viel stärkere Bindung der privaten Ersatzschule an staatliche Schulreformen gesetzlich angeordnet. Es ist dann im Einzelfall eine Frage der Verwaltungspraxis, wie weit diese staatliche Einflußmöglichkeit durchgesetzt wird.

Auf die Problematik der grundlegenden Änderung des staatlichen Schulsystems und deren Bedeutung für das anerkannte kirchliche Ersatzschulwesen nimmt der Vertrag vom 15. Mai 1973 zwischen dem Heiligen Stuhl und dem Land Rheinland-Pfalz über Fragen des Schulwesens und der Lehrerfort- und -weiterbildung in dem Schlußprotokoll zu Art. 3 ausdrücklich Bezug. Art. 3 gewährleistet die Finanzierung staatlich anerkannter Ersatzschulen in kirchlicher Trägerschaft und das Schlußprotokoll bestimmt dann zu Art. 3 in seinem ersten Absatz:

> „Einer staatlich genehmigten Ersatzschule, die die Gewähr bietet, daß sie dauernd die an entsprechende öffentliche Schulen gestellten Anforderungen erfüllt, wird auf Antrag des Schulträgers die Eigenschaft einer staatlich anerkannten Ersatzschule verliehen. Die Verleihung setzt voraus, daß die Schule den für öffentliche Schulen verbindlichen Gliederungsgrundsätzen genügt; bei Schulen, die mit einem Heim oder einer Tagesstätte verbunden sind, können Ausnahmen zugelassen werden. Beabsichtigt das Land, die für öffentliche Schulen geltenden Gliederungsgrundsätze zu ändern, so wird es die Schulträger rechtzeitig hierüber unterrichten und eine angemessene Übergangsregelung treffen."[29].

Hier kommt zum Ausdruck, daß Gliederungsvorschriften des Landesschulrechts grundsätzlich auch für die staatlich anerkannten Ersatzschulen wirksam werden können, andererseits verpflichtet sich das Land aber, für angemessene Übergangsregelungen zu sorgen.

Es ist an dieser Stelle nicht möglich, die Regelungen in allen Bundesländern daraufhin zu untersuchen, wie weit ein Durchschlagen staatlicher Schulreformen auf die anerkannten Ersatzschulen oder sogar auf die genehmigten Ersatzschulen nach dem einfachen Landesrecht möglich ist. Es erscheint aber wesentlich, erneut darauf hinzuweisen, daß bei genehmigten Ersatzschulen nur dann die Möglichkeit besteht, Schulreformen ihnen gegenüber zur Anwendung zu bringen, wenn das im Rahmen von

---

[29] GVBl. 1973, S. 158, 161 f.

Art. 7 Abs. 4 GG gerechtfertigt ist. Das bedeutet, daß festgestellt werden muß, ob die Reformen dazu führen, daß die Ersatzschule nicht mehr gleichwertig in ihren Lehrzielen ist. Eine derartige Feststellung kann kaum allein auf der Grundlage von Reformentscheidungen ohne jede Erfahrung über deren Realisierung getroffen werden.

Bei anerkannten Ersatzschulen ist die Möglichkeit größer, Schulreformen über die Anerkennungsvoraussetzungen auch dann auf Ersatzschulen anzuwenden, wenn das vom Prinzip der Gleichwertigkeit her an sich nicht geboten ist. Die Rechtsprechung des Bundesverfassungsgerichts zeigt, daß das nach seiner Auffassung dann nicht unzulässig ist, wenn es „von der Sache her" geboten ist, um die Gleichartigkeit der Abschlüsse zu gewährleisten. Auch hier wird man aber nicht ohne Erfahrung über die Wirkungen von Schulreformen einfach behaupten können, daß Abschlüsse nicht mehr vergleichbar sind.

Ebenso wie es Sinn der Privatschulfreiheit ist, auf bestimmten Gebieten besondere Formen von Schulausbildung zu erproben, kann es Sinn der Privatschulfreiheit sein, an Formen festzuhalten, um Gegenbilder zu bestimmten Reformmaßnahmen zu erhalten[30].

2. Die Schulaufsicht über Privatschulen

2.1 Allgemeines zur Qualifizierung der Schulaufsicht über Privatschulen

Der in Art. 7 Abs. 1 GG verwendete Begriff der Schulaufsicht ist wesentlich weiter, als der Terminus „Aufsicht" normalerweise vermuten ließe. Während im öffentlichen Recht Aufsicht sonst für die Kontrolle in gewissem Umfang selbständiger Einheiten verwendet wird, besteht die Schulaufsicht nach der Formulierung des Bundesverfassungsgerichts jedenfalls in der Befugnis des Staates zur Planung und Organisation des Schulwesens mit dem Ziel, ein Schulsystem zu gewährleisten, das allen jungen Bürgern gemäß ihren Fähigkeiten die dem heutigen gesellschaftlichen Leben entsprechenden Bildungsmöglichkeiten eröffnet. Zu diesem staatlichen Gestaltungsbereich gehört nicht nur die organisatorische Gliederung der Schule, sondern auch die inhaltliche Festlegung der Ausbildungsgänge und Unterrichtsziele. Daraus folgt danach das Recht des Staates, die Vor-

---

30 Vgl. dazu auch *Klaus Becker*, Aufsicht über Privatschulen, Dissertation Köln, 1969, S. 110 ff.

aussetzungen für den Zugang zur Schule, den Übergang von einem Bildungsweg zum anderen und die Versetzung innerhalb eines Bildungsweges zu bestimmen, einschließlich der Befugnisse zur Entscheidung darüber, ob und inwieweit das Lernziel vom Schüler erreicht worden ist[31]. Dieser umfassende Begriff der Schulaufsicht bedeutet nicht nur Aufsicht im eigentlichen Sinne, sondern Gestaltung des Schulwesens durch den Staat.

Art. 7 Abs. 1 GG unterstellt das gesamte Schulwesen der Aufsicht des Staates und erfaßt damit auch die Privatschulen[32]. Wäre es aber so, daß die in Art. 7 Abs. 1 GG auch auf die Privatschulen erstreckte Schulaufsicht für sie dieselbe Weite wie bei öffentlichen Schulen hätte und ein umfassendes Gestaltungsrecht des Staates ermöglichte, so wäre das ein grundsätzlicher Widerspruch zu der Gewährleistung eines Grundrechts der Privatschulfreiheit in Art. 7 Abs. 4 GG. Es besteht deswegen Einigkeit darüber, daß die Schulaufsicht über Privatschulen eine begrenzte Schulaufsicht ist und hier im staatsrechtlichen Sinne echte Aufsicht über unabhängige Einheiten, nämlich die Privatschulen, vorliegt[33].

Soweit es sich um Privatschulen einschließlich der Ersatzschulen handelt, auf deren Genehmigung nach Art. 7 Abs. 4 GG ein Anspruch besteht, kann die Schulaufsicht lediglich Rechtsaufsicht sein, die die Übereinstimmung des Schulbetriebes mit den Rechtsnormen einschließlich der Genehmigungsvoraussetzungen überprüft. Freilich gehört zu den Genehmigungsvoraussetzungen für die Ersatzschule die Gleichwertigkeit der Lehrziele und -einrichtungen sowie der wissenschaftlichen Ausbildung der Lehrkräfte im Vergleich mit öffentlichen Schulen. Zur Gewährleistung dieser Genehmigungsvoraussetzungen muß die Schulaufsicht eine fachliche Beurteilung vornehmen. Diese Aufsicht kommt damit nahe an das heran, was herkömmlich als „Fachaufsicht" bezeichnet wird und öffentlichrechtlich die Weisungsabhängigkeit der unteren Behörden oder Einrichtungen umschreibt, wobei die Fachaufsichtsbehörde nicht nur die Rechtmäßigkeit, sondern auch die Zweckmäßigkeit der Wahrnehmung der Aufgaben überprüft[34]. Es ist aber wesentlich, den Unterschied zu

---

31 BVerfGE 34, S. 165, 182 m.w.N.

32 BVerfGE 27, S. 195, 201.

33 Vgl. *Wolff/Bachof*, Verwaltungsrecht II, 4. Aufl. 1976, S. 440 m.w.N.; siehe auch *Heckel/Seipp*, Schulrechtskunde, 5. Aufl. 1976, S. 166 f.

34 Vgl. dazu etwa § 13 des Landesorganisationsgesetzes von Nordrhein-Westfalen.

betonen, der sich daraus ergibt, daß die Aufsicht über genehmigte Ersatzschulen lediglich auf die Kontrolle der Genehmigungsvoraussetzungen bezogen werden darf. Insofern ist sie echte Rechtsaufsicht, weil sie die rechtliche Verpflichtung der Privatschule, die Gleichwertigkeit zu erhalten, überprüft.

Zunehmend wird auch deutlich erkannt, daß die Schulaufsicht über Privatschulen nur als Rechtsaufsicht verstanden werden kann. Das ergibt sich aus der Qualität der Privatschulfreiheit als Grundrecht unmittelbar. Grundrechtliche Freiheiten können niemals in Weisungsabhängigkeit gegenüber staatlichen Behörden wahrgenommen werden[35]. Auch, wo die Aufsicht über Privatschulen einschließlich der Ersatzschulen nicht so eindeutig als Rechtsaufsicht qualifiziert wird, besteht Einigkeit darüber, daß sie wesentlich schärfer begrenzt ist als die Schulaufsicht über öffentliche Schulen. Es wird immer wieder festgestellt, daß die Aufsicht sich nur auf die Gewährleistung der Genehmigungsbedingungen in Art. 7 Abs. 4 GG beziehen darf[36].

Die landesrechtlichen Regelungen für die Staatsaufsicht über Privatschulen legen den Maßstab dieser Aufsicht nicht ausdrücklich fest. Meist wird nur bestimmt, daß die Privatschulen der staatlichen Schulaufsicht unterstehen. Außerdem werden Regelungen für die Genehmigung der Anstellung von Lehrern getroffen, die getrennt erörtert werden, da sie bei kirchlichen Privatschulen Fragen des Dienstrechtes aufwerfen[37]. Sehr weitgehend bestimmt Art. 29 des bayerischen Gesetzes über das Erziehungs- und Unterrichtswesen in der Fassung vom 27. Juli 1971 (GVBl. S. 252) in Abs. 2, daß zur staatlichen Schulaufsicht die Planung und Ord-

---

[35] Vgl. *W. Geiger*, Kirchen und staatliches Schulsystem, HdbStKirchR (Handbuch des Staatskirchenrechts der Bundesrepublik Deutschland), 1975, Bd. 2, S. 490, Anm. 13 bezogen auf Privatschulen einschließlich der genehmigten Ersatzschulen: „Sie unterstehen nicht einem allgemeinen „Direktionsrecht", sondern nur der Rechtsaufsicht des Staates"; ebenso schon *E.-W. Fuß*, Verwaltung und Schule, VVDStRL 23, 1966, S. 220.

[36] Vgl. *H. Heckel*, Deutsches Privatschulrecht, 1955, S. 317 ff.; *Evers*, Verwaltung und Schule, VVDStRL 23, 1966, S. 190; *v. Campenhausen*, Erziehungsauftrag und staatliche Schulträgerschaft, 1967, S. 67 ff.; *Oppermann*, Kulturverwaltungsrecht, 1969, S. 243 Anm. 399; *Maunz* in: *Maunz/Dürig/Herzog/Scholz*, Art. 7 Rdnr. 66 und 90 f.; *Maunz*, Kirchen als Schulträger, HdbStKirchR Bd. 2, S. 562; *Link*, JZ 1971, S. 551; *Becker*, Aufsicht über Privatschulen, Dissertation Köln 1969, S. 176 und passim; *E. Plümer*, Verfassungsrechtliche Grundlagen und Rechtsnatur der Privatschulverhältnisse, Dissertation Mainz 1970, S. 94 ff.

[37] Vgl. S. 40 ff.

nung des öffentlichen Unterrichtswesens, die Förderung der nichtstaatlichen Schulen und die Aufsicht über die inneren und äußeren Schulverhältnisse sowie über die Schulleiter und Lehrer gehören. Danach ist eine umfassende Schulaufsicht über öffentliche und private Schulen festgelegt. Das hindert freilich nicht, die spezifischen verfassungsrechtlichen Grenzen für die Schulaufsicht über Privatschulen zu berücksichtigen.

Eine besondere Rolle spielen für die genehmigten Ersatzschulen teilweise „Mindestlehrpläne", wie sie etwa in dem besagten bayerischen Gesetz in Art. 10 vorgesehen sind. Deren Einhaltung kann mit der Schulaufsicht überwacht werden. Wesentlich ist dabei, daß die Mindestlehrpläne nicht die Gleichartigkeit, sondern nur die Gleichwertigkeit der genehmigten Ersatzschule zum Ziel haben dürfen. Die Konkretisierung dieses Maßstabes im Einzelfall ist nur unter Berücksichtigung der konkreten Lehrplanungen möglich.

2.2 Die Ausgestaltung der Schulaufsicht bei anerkannten Ersatzschulen

Die Auffassung, wonach die anerkannte Ersatzschule mit staatlicher Hoheitsmacht beliehen ist, führt mit einer gewissen Notwendigkeit dazu, für diesen Bereich eine stärkere Staatsaufsicht einzurichten. Für das Institut der Beleihung im öffentlichen Recht ist die Gewährleistung einer der staatlichen Zielsetzung entsprechenden Durchführung der jeweiligen Aufgabe durch eine Staatsaufsicht wesensgemäß, die grundsätzlich über die reine Rechtsaufsicht hinaus geht[38]. Das Bundesverfassungsgericht hat im Rahmen der Erörterung über die Stellung der anerkannten Ersatzschulen darauf hingewiesen, daß mit der Ordnung des Berechtigungswesens notwendig die Aufsicht darüber verbunden sei, daß die Berechtigungen nur den Schülern zuerkannt werden, die den entsprechenden Bildungsgrad erworben haben. Diese Aufsicht betreffe ebensowenig wie die Ordnung des Berechtigungswesens innere Schulangelegenheiten. Deshalb werde der Staat in der Gestaltung dieser Aufsicht grundsätzlich nicht durch Art. 7 Abs. 4 GG beschränkt, der den Privatschulen nur eine Teilhabe am Schulwesen sichere, den Staat aber nicht verpflichte, die Feststellung der für die Berechtigung erforderlichen Voraussetzungen durch die Privatschulen selbst vornehmen zu lassen[39].

38 Vgl. dazu *U. Steiner*, Öffentliche Verwaltung durch Private, 1975, S. 283 f.

39 BVerfGE 27, S. 195, 206; vgl. auch BVerfGE 37, S. 314, 324, wo die Aufgaben im Berechtigungswesen als Erfüllung mittelbar staatlicher Verwaltung bezeichnet werden.

Es ist von daher konsequent, wenn das Landesrecht für die anerkannten Ersatzschulen die Prüfungsvorschriften für anwendbar erklärt, die auch für öffentliche Schulen gelten. So bestimmt etwa § 6 der dritten Verordnung zur Ausführung des Schulordnungsgesetzes in Nordrhein-Westfalen vom 10. Juli 1959 (GVBl. S. 125) in § 6 Abs. 1, daß die Prüfungen in sinngemäßer Anwendung der für die öffentlichen Schulen geltenden Vorschriften abgehalten werden. Auch wenn man die oben angedeuteten Zweifel hinsichtlich der Einordnung der anerkannten Ersatzschule als Beliehener teilt, ist nicht zu bestreiten, daß die Schulaufsicht weitergehen muß, wenn der Staat die Prüfungen an Ersatzschulen als gleichwertig anerkennt. Er muß dann Kontrollrechte ausüben können, die die Gleichwertigkeit der Prüfungen gewährleisten.

Freilich ist der Unterschied nicht nur theoretischer Natur. Wenn die Abnahme der Prüfung grundsätzlich in die Zuständigkeit der Privatschule gehört, so kann die Kontrolle des Staates sich nur darauf beziehen, ob diese Prüfung wirklich der staatlichen gleichwertig ist. Handelt es sich dagegen um übertragene staatliche Hoheit, so ist in erster Linie der Staat zur Ausgestaltung und Regelung befugt.

Selbst wenn man der herrschenden und vom Bundesverfassungsgericht gebilligten Konstruktion folgt, so erscheint es wesentlich, die Aufsicht über das Berechtigungswesen klar von der Schulaufsicht im übrigen abzugrenzen. Für die Abnahme der Prüfungen hat der Staat hiernach eine Eingriffsmöglichkeit, die sich aber nicht in derselben Intensität auf alle schulischen Angelegenheiten der anerkannten Ersatzschule erstrecken darf.

Besonders problematisch wird das hinsichtlich der Versetzungsentscheidungen. Macht man mit der Theorie von der Beleihung ernst, so ist danach jede Versetzungsentscheidung letztlich die Ausübung staatlicher Hoheitsmacht, da sie zur Möglichkeit des Eintrittes in eine öffentliche Schule in der entsprechenden Klasse führt. Das bedeutet, daß der Staat bei jeder Versetzungsentscheidung umfassende Kontrollrechte ausüben könnte. Hier zeigt sich, daß die anerkannte Ersatzschule immer in der Gefahr ist, als öffentliche Schule angesehen zu werden.

Auch die Aufsicht über die anerkannte Ersatzschule ist nach richtiger Auffassung mit der Privatschulgarantie des Art. 7 Abs. 4 GG nur dann vereinbar, wenn sie grundsätzlich die Verantwortung für Lehrplanung und Versetzungsentscheidungen bei dem Privatschulträger beläßt. Die Aufsicht darf lediglich den Sinn haben, sicherzustellen, daß mit der gewährleisteten Freiheit kein Mißbrauch getrieben wird, der dazu führen würde, daß Versetzungsentscheidungen generell nicht mehr als denen an öffentlichen Schulen gleichwertig angesehen werden können. Man wird dabei aber auch nicht übersehen können, daß in großem Umfang Unterschiede zwischen den öffentlichen Schulen in Benotung, Anforderung und tatsächlicher Ausfüllung der Lehrplanung bestehen. Es wäre nicht vertretbar, hier an Ersatzschulen Maßstäbe anzulegen, die an öffentliche Schulen in der Praxis nicht angelegt werden.

2.3 Einzelheiten der Aufsicht

2.31 Der Adressat von Aufsichtsmaßnahmen

Soweit sich die Schulaufsicht des Staates über Privatschulen auf die Ausübung des Rechtes der Privatschulfreiheit einschließlich der Freiheit, genehmigte Ersatzschulen zu führen, bezieht, kann Adressat von Aufsichtsmaßnahmen immer nur der Schulträger bzw. die Schule als Einheit sein. Niemals ist es möglich, daß der Staat Maßnahmen der Schule selbst aufhebt oder durch eigene Entscheidungen ersetzt. Er hat nicht die Befugnis zum sogenannten Selbsteintritt. Es bleibt allein die Möglichkeit, falls die Voraussetzungen für die Genehmigung wegfallen, diese zurückzunehmen[40].

Daß bei kirchlichen Privatschulen noch aus anderen Gründen dieser Grundsatz geboten ist, wird später darzulegen sein[41].

Soweit es sich um anerkannte Ersatzschulen handelt, entspricht es der herkömmlichen Auffassung, daß staatliche Aufsichtsmaßnahmen in dem Bereich, in dem der Beliehene staatliche Hoheitsgewalt ausübt, unmittelbar auf die Ausübung bezogen sein können. Hier kann der Staat danach Entscheidungen des Beliehenen aufheben und selbst eine neue Entscheidung treffen. Richtigerweise kann das aber auch bei Annahme der Konstruktion als Beliehener für die anerkannte Ersatzschule nur eine extreme Ausnahme sein. Grundsätzlich muß hier wegen der Ausübung der Privatschulfreiheit auch durch die anerkannte Ersatzschule in erster Linie immer die Aufsichtsmaßnahme an sie gerichtet werden[42].

---

40 Ebenso *Maunz* in: *Maunz/Dürig/Herzog/Scholz*, Art. 7 Rdnr. 91.

41 Vgl. unten S. 32 ff., 39 f.

42 Zur Begrenzung der Aufsicht bei Prüfungsentscheidungen, Ossenbühl DÖV 1977, S. 812.

2.32 Die Geltung von Lehrplänen und Stundentafeln

Eindeutig ist, daß Lehrpläne und Stundentafeln nicht unmittelbar für genehmigte Ersatzschulen gelten können. Wäre das der Fall, so würde Gleichartigkeit der genehmigten Ersatzschulen gefordert, was durch Art. 7 Abs. 4 GG gerade verhindert werden soll. Die Kompetenz zur Festlegung von Lehrplänen und Stundentafeln ergibt sich aus der umfassenden Gestaltungshoheit des Staates über die öffentliche Schule. Eine derartige Hoheit kommt ihm für die Privatschulen, auch die genehmigten Ersatzschulen, nicht zu.

Etwas anderes ist die Festlegung von Mindestlehrplänen, die z. B. im Recht der Länder Rheinland-Pfalz und Bayern vorgesehen ist. Diese Mindestlehrpläne können den Status der Gleichwertigkeit durchaus sinnvoll festlegen. Im übrigen kann der Grundsatz des § 12 Abs. 1 des Privatschulgesetzes des Saarlandes als richtige Umschreibung eines Grundprinzips angesehen werden. Danach haben die Ersatzschulen die für ihren Schultyp bestehenden Lehrpläne als Richtlinien zu berücksichtigen. Als Richtlinie bedeutet, daß keine unmittelbare Bindung vorliegt und die Schule aus pädagogischen oder sonstigen Gründen davon abweichen kann.

Für die anerkannten Ersatzschulen kann insoweit nichts anderes gelten. Lehrpläne und Stundentafeln gehören nicht zu dem übertragenen staatlichen Hoheitsbereich. Dieser beschränkt sich auf das Berechtigungswesen, also nur auf Versetzungs- und Prüfungsentscheidungen. Im übrigen stehen die Schulen einer genehmigten Ersatzschule rechtlich gleich. Auch hier scheidet daher eine unmittelbare Bindung an Lehrpläne und Stundentafeln aus[43].

Fuß hat gezeigt, daß eine Ausgestaltung der Aufsicht über anerkannte Ersatzschulen in einer Weise, die von einer freien Gestaltung des Unterrichts und der Erziehung kaum etwas übrig läßt, in den Wesenskern der Privatschulfreiheit eingreift und daher gegen das Grundgesetz verstößt[44].

---

43 Soweit das Problem behandelt wird, ist das wohl auch die überwiegend vertretene Meinung, vgl. *Maunz* in: *Maunz/Dürig/Herzog/Scholz*, Art. 7 Rdnr. 75; *K. Becker*, Aufsicht über Privatschulen, Diss. Köln 1969, S. 112 ff.; nicht ganz so eindeutig, aber in der Sache wohl übereinstimmend *E. Plümer*, Verfassungsrechtliche Grundlagen und Rechtsnatur der Privatschulverhältnisse. Diss. Mainz, 1970, S. 94 f., 112 f., 145.

44 *Fuß*, Verwaltung und Schule, VVDStRL 23, 1966, S. 221; ebenso *Peters*, ebendort, in der Diskussion, S. 255.

Eine automatische Bindung an Lehrpläne, Stundentafeln und sonstige den inneren Schulbetrieb betreffende Erlasse der staatlichen Schulaufsichtsbehörden wäre in diesem Sinne ein klarer Verstoß gegen die auch für anerkannte Ersatzschulen gültige Privatschulgarantie. Sie ist daher unzulässig.

2.33 Die Bindung der Privatschulen an Ferienordnungen

Zum Teil wird angenommen, daß Privatschulen an die staatlichen Ferienregelungen gebunden seien. So bestimmt § 27 des Schulverwaltungsgesetzes von Nordrhein-Westfalen, daß die Ferien an den öffentlichen Schulen jährlich durch die Ferienordnung des Kultusministers festgelegt werden. Nach § 5 Abs. 3 der dritten Verordnung zur Ausführung des Schulordnungsgesetzes vom 10. Juli 1959 (GVBl. S. 125) richtet sich die Festlegung der Ferien in den Ersatzschulen nach den jährlichen Ferienordnungen des Kultusministers. Ausnahmen hiervon bedürfen der Genehmigung der oberen Schulaufsichtsbehörde. Es fragt sich, ob diese Regelung zulässig ist. § 27 des Schulverwaltungsgesetzes von Nordrhein-Westfalen bezieht sich eindeutig nicht auf die Privatschulen, wie sie in § 36 des Schulordnungsgesetzes definiert sind. Danach sind Privatschulen gerade keine öffentlichen Schulen. Die Festlegung der Ferien ist eine organisatorische Frage, die mit der Gleichwertigkeit der Lehrziele gemäß Art. 7 Abs. 4 GG nichts zu tun hat. Das gilt jedenfalls dann, wenn die Dauer der Ferien nicht wesentlich von der an öffentlichen Schulen abweicht. Das bedeutet, daß die in § 5 der Verordnung getroffene Regelung über die Bindung der Ersatzschulen an die staatliche Ferienordnung nicht von der Ermächtigung in § 48 des Schulordnungsgesetzes gedeckt ist, wonach der Kultusminister die zur Ausführung dieses Gesetzes erforderlichen Rechtsverordnungen erläßt. Solche Rechtsverordnungen können für Ersatzschulen nur entsprechend § 37 SchOG die dort niedergelegte Gleichwertigkeit zu öffentlichen Schulen gewährleisten. Insofern fehlt es für § 5 der Rechtsverordnung an einer zureichenden Ermächtigung.

Selbst wenn man von der Frage der ausreichenden Ermächtigung absieht, ist zweifelhaft, ob der Landesgesetzgeber Privatschulen an die staatliche Ferienordnung binden könnte. Voraussetzung dafür wäre, daß Art. 7 Abs. 4 S. 2 GG mit seiner Anordnung, daß private Schulen den Landesgesetzen unterstehen, die Grundlage für eine derartige Regelung bietet. Es wurde schon dargelegt, daß die Unterstellung unter die Landesgesetze vornehmlich die Kompetenz der Länder zur Schulgesetzgebung herausstellen will[45]. Dagegen enthält die Bestimmung keine Ermächtigung, neue über Art. 7 Abs. 4 S. 3 GG hinausgehende Einschränkungen der Privatschulfreiheit festzulegen.

Immerhin gewinnt die Geltung der Landesgesetze dort Bedeutung, wo es um die Anwendung von Vorschriften geht, die nicht die Privatschulfreiheit als solche betreffen. Der Hinweis darauf, daß die Privatschulen den Landesgesetzen unterstehen, muß auch als Ausdruck dafür verstanden werden, daß Privatschulen an das Polizei- und Ordnungsrecht der Länder sowie an sonstige allgemeine Gesetze gebunden sind. Da Ferienordnungen auf der Grenze zwischen Gesetzen stehen, die primär schulische Regelungen enthalten, und solchen, die die Schule nur von außen berühren, kann man zweifeln, ob sie zu dem Bereich gehören können, der auch für die Privatschulen auf der Grundlage von Art. 7 Abs. 4 S. 2 GG bindend ist. Ferienregelungen haben auch das Ziel, etwa aufgrund der Abstimmung zwischen den Bundesländern zu einer Entzerrung der Urlaubszeiten in der Bundesrepublik beizutragen. Indessen ist der wesentliche Sinn dieser Normen doch die Organisation und Gliederung des Schuljahres. Die Kompetenz dafür erwächst dem Land aus der umfassenden Schulaufsicht über die öffentlichen Schulen. Von daher können die Regelungen über die Ferien der öffentlichen Schulen nicht automatisch als für die Privatschulen bindend erklärt werden. Das wäre eine Übertragung eines Prinzips der Gleichartigkeit auf die Privatschulen, das weder für die genehmigten noch für die anerkannten Ersatzschulen aus Art. 7 Abs. 4 GG gerechtfertigt werden kann.

Durch eine Sonderregelung des Landesgesetzgebers für Ferien an Privatschulen könnten allenfalls Mindestbedingungen festgelegt werden, die einerseits gewährleisten, daß die Zahl der Ferientage an genehmigten und anerkannten Ersatzschulen nicht wesentlich von der an öffentlichen Schulen abweicht, und die zum anderen dem Schutz derjenigen Zwecke dienen, die mit den Ferienregelungen an öffentlichen Schulen über die rein schulorganisatorische Seite hinaus verfolgt werden. Eine undifferenzierte Übertragung der Ferienregelungen für öffentliche Schulen auf Privatschulen ist dagegen mit der Privatschulfreiheit nicht vereinbar.

---

45 Vgl. oben S. 3 f.

2.34 Die Mitwirkung von Schülern und Eltern

Es stellt sich auch die Frage, inwieweit die für öffentliche Schulen geltenden Regelungen über eine Schülermitverwaltung sowie über eine Mitwirkung der Eltern am Schulwesen auch auf Privatschulen anwendbar sind.

Die Schülermitverwaltung ist normalerweise in den gesetzlichen Bestimmungen über die Schulorganisation vorgesehen. So bestimmt etwa § 25 des Schulverwaltungsgesetzes von Nordrhein-Westfalen, daß die Schülermitverwaltung an allen Schulen entwickelt und gefördert werden soll. Sie dient der Pflege des Gemeinschaftslebens und der Selbstverantwortung der Schüler. Es ist nach der Bestimmung unklar, ob der Gesetzgeber mit seiner Formulierung, sie solle an allen Schulen entwickelt und gefördert werden, auch die Privatschulen einbezieht. Dafür könnte sprechen, daß einige Vorschriften des Gesetzes die öffentlichen Schulen besonders herausheben. Andererseits gibt es auch Regelungen, wie etwa § 26 über die allgemeine Schulordnung, wo die Ersatzschulen ausdrücklich einbezogen werden. Es dürfte mehr dafür sprechen, § 25 des Schulverwaltungsgesetzes von Nordrhein-Westfalen lediglich auf die öffentlichen Schulen zu beziehen.

In anderen Schulgesetzen ist die Regelung über die Schülerselbstverwaltung ausdrücklich auf die öffentlichen Schulen beschränkt. Das gilt etwa in Rheinland-Pfalz, wo § 19 des Schulgesetzes vom 6. November 1974 (GVBl. S. 487) festlegt, daß die staatlich anerkannten Schulen in freier Trägerschaft für Lehrerkonferenzen, Schüler- und Elternvertretungen an den Schulen sowie für den Schulausschuß Regelungen zu treffen haben, die den Vorschriften für die öffentlichen Schulen gleichwertig sind.

Es bedarf der Klärung, ob es zulässig ist, eine Schülervertretung für Privatschulen, insbesondere für Ersatzschulen, anzuordnen, die der Vertretung an den öffentlichen Schulen gleichwertig ist, wie es das Land Rheinland-Pfalz tut. Das hängt davon ab, ob man die Existenz einer Schülervertretung als Bestandteil der in Art. 7 Abs. 4 S. 3 GG geforderten Gleichwertigkeit hinsichtlich der Lehrziele ansehen kann. Dies erscheint nicht möglich. Lehrziele im Sinne von Art. 7 Abs. 4 sind die Ziele der schulischen Ausbildung als solcher. Es ist kennzeichnend, daß hier nicht von Erziehungszielen, sondern von Lehrzielen die Rede ist. Darin muß die Anordnung des Grundgesetzes gesehen werden, die Gleichwertigkeit lediglich für den schulischen Unterrichtsbereich zu fordern.

Das stimmt auch mit der Funktion der Privatschulfreiheit überein. Hinsichtlich der Erziehung, zu der die Schülermitverwaltung gehört, wie es § 25 des nordrhein-westfälischen Schulverwaltungsgesetzes richtig umschreibt, soll die Privatschulfreiheit eine umfassende Selbstbestimmung der Privatschule bzw. ihres Trägers gewährleisten. Zu dieser Freiheit muß gerade auch die gerechnet werden, zu bestimmen, in welcher Weise durch Systeme der Schülermitverwaltung bestimmte Formen der Erziehung verwirklicht werden. Daß hierüber unterschiedliche Vorstellungen bestehen können, ist bekannt. Man braucht nur an die verschiedenen Mitbestimmungsformen zu erinnern, die in Landerziehungsheimen entwickelt worden sind, um sich klar zu machen, daß die heute gebräuchliche Organisation der Schülermitverwaltung an öffentlichen Schulen keineswegs die einzig mögliche ist.

Auch aus der Bindung der Privatschule an die verfassungsrechtlichen Schulzielbestimmungen der Landesverfassungen ergibt sich hier nichts anderes. Diese Schulzielbestimmungen legen, soweit ersichtlich, nirgendwo eine bestimmte Form der Schülermitverwaltung fest. Täten sie es, so wäre die Übereinstimmung mit Art. 7 Abs. 4 GG zweifelhaft. In welcher Weise Schüler im Sinne der Demokratie erzogen werden, ist auch Gegenstand unterschiedlicher pädagogischer Vorstellungen oder kann es jedenfalls sein. Hier muß die Privatschule die Freiheit haben, etwa Wahlverfahren, die zur Farce werden können, gar nicht erst zuzulassen.

Eine entsprechende Problematik wirft die Geltung der landesrechtlichen Bestimmungen über die Elternmitwirkung auf. Das neue Schulmitwirkungsgesetz des Landes Nordrhein-Westfalen bestimmt in § 2 Abs. 6, daß es auf die genehmigten oder vorläufig erlaubten Ersatzschulen sinngemäß Anwendung finde[46]. Die Schulträger von Ersatzschulen können danach von diesem Gesetz abweichende gleichwertige Formen der Mitwirkung einführen. Auch hier stellt sich die Frage, inwieweit der Landesgesetzgeber rechtlich auf der Grundlage der Privatschulgarantie in der Lage ist, die Mitwirkung der Eltern und anderer an der Schule Beteiligter für die Privatschulen zu fordern. Die Formulierung der Bestimmung zeigt, daß nach Auffassung des Landesgesetzgebers dasselbe Prinzip der Gleichwertigkeit, das in Art. 7 Abs. 4 GG für die Lehrziele Ausdruck gefunden hat, auf die Mitwirkungsregelung übertragen werden kann. Dasselbe gilt für die oben schon erwähnte Regelung in Rheinland-Pfalz, die sich ebenfalls auf die Eltern- sowie die Schülervertretungen bezieht. Die Möglich-

[46] GVBl. 1977, S. 448.

keit, die Gleichwertigkeit auch in diesem Bereich zu fordern, erscheint aber außerordentlich zweifelhaft.

Die Regelungen über die Mitwirkung der Eltern am Schulwesen finden ihre Grundlage nicht selten in Bestimmungen der Landesverfassungen. So bestimmt etwa Art. 10 Abs. 2 der Landesverfassung von Nordrhein-Westfalen, daß die Erziehungsberechtigten durch Elternvertretungen an der Gestaltung des Schulwesens mitwirken. Diese Bestimmung bezieht sich auf das in Art. 10 Abs. 1 in seinem Aufbau geregelte Schulwesen des Landes. Gemeint sind daher hier die öffentlichen Schulen. Der alte § 12 des Schulordnungsgesetzes des Landes Nordrhein-Westfalen schien davon auszugehen, daß die Mitwirkungsregelungen, die dort schon bisher enthalten waren, auch für Privatschulen generell galten. In der Bestimmung war festgelegt, auf Privatschulen, die mit einem Schülerheim verbunden seien oder die eigenständige Formen der Mitwirkung der Erziehungsberechtigten entwickelten, fänden die Vorschriften des Gesetzes nur sinngemäß Anwendung. Hier war der Zwang für die Privatschulen enthalten, eigenständige Formen der Mitwirkung zu entwickeln, wenn die gesetzlichen Bestimmungen nicht anwendbar sein sollten. Das neue Mitwirkungsgesetz legt unmittelbar die sinngemäße Anwendung fest[47].

Mitwirkungsregelungen dieser Art im Landesrecht verstehen sich als Folgerungen aus der Anerkennung des Elternrechts im Sinne von Art. 6 Abs. 2 GG und den entsprechenden Bestimmungen der Landesverfassungen[48]. Freilich darf nicht übersehen werden, daß diese Kollektivrechte niemals das einzelne Elternrecht aufheben oder verdrängen können, das im Schulwesen vor allem die Möglichkeit der Wahl zwischen verschiedenen zur Verfügung stehenden Schulformen gewährleistet[49].

Wenn Eltern ihr Kind einer Privatschule anvertrauen, die religiös motiviert Organisationsformen der Mitwirkung von Schülern und Eltern ablehnt, so ist das durch Art. 6 Abs. 2 in Verbindung mit 7 Abs. 4 GG verfassungsrechtlich geschützt. Da Vertretungsregelungen keinen anderen Zweck verfolgen als den der Erziehung der Schüler bzw. der Beteiligung der Eltern an der schulischen Aufgabe, erscheint es auch nicht möglich, für die Ersatzschulen aus der Unterstellung unter die Landesgesetze in

---

47 Vgl. oben S. 28.

48 Vgl. etwa *Geller/Kleinrahm/Fleck*, Die Verfassung des Landes Nordrhein-Westfalen, 2. Aufl. 1963, Art. 10 Nr. 4 S. 93.

49 Vgl. BVerfGE 34, S. 165, 182–185.

Art. 7 Abs. 4 S. 2 GG eine Rechtfertigung für derartige Einschränkungen der Privatschulfreiheit zu entnehmen. Die dort genannten Landesgesetze müssen auch als diejenigen verstanden werden, die nicht die Privatschulfreiheit als solche begrenzen[50].

Die Forderung einer gleichwertigen Vertretung der Schüler und Eltern an privaten Schulen erscheint daher verfassungsrechtlich nicht abgesichert. Es ist freilich nicht zu verkennen, daß die Privatschulen ein erhebliches Interesse daran haben können, entsprechende Mitwirkungsregelungen wie die öffentlichen Schulen zu praktizieren. Das ist jedoch eine andere Frage, als die, ob es zulässig ist, sie zu einer gleichwertigen Mitwirkung zu zwingen.

3. Die Schulen in kirchlicher Trägerschaft

3.1 Der Bestand freier Schulen in kirchlicher Trägerschaft

Im Jahre 1972 gab es im Bereich der evangelischen Kirchen eine Volksschule, 200 berufsbildende Schulen, 12 Realschulen, 50 Gymnasien, 55 Sonderschulen und 10 Kooperationsschulen[51].

Nach der Statistik der katholischen Freien Schulen in der Bundesrepublik besuchten im Schuljahr 1974/75 253 308 Schüler folgende Schulen: 84 Grund-, Haupt- und Volksschulen, 156 Realschulen, 237 Gymnasien, 95 Sonderschulen und 501 berufsbildende Schulen[52]. Im Schuljahr 1976/77 wurden in 98 kirchlichen Gymnasien in Nordrhein-Westfalen 75 209 Schüler unterrichtet[53].

3.2 Die unterschiedliche Regelung der rechtlichen Trägerschaft

Schulen in kirchlicher Trägerschaft können sowohl unmittelbar als auch mittelbar der Kirche zugeordnet sein. Als Schulen in unmittelbarer

---

50 Vgl. oben S. 26; ebenso *C. Starck*, Freiheitlicher Staat und staatliche Schulhoheit, Essener Gespräche zum Thema Staat und Kirche, Bd. 9, 1975, S. 31.

51 *T. Maunz*, Kirchen als Schulträger, HdbStKirchR Bd. 2, S. 547 Anm. 1.

52 Katholische Freie Schule, Verzeichnis der katholischen Schulen und Schülerheime in kirchlicher Trägerschaft in der Bundesrepublik Deutschland und in West-Berlin 1975, S. 224.

53 Mitteilung des Landeskirchenamtes der Evangelischen Kirche von Westfalen.

kirchlicher Trägerschaft werden hier die bezeichnet, die von den kirchlichen Körperschaften ohne Zwischenschaltung anderer Organisationen eingerichtet worden sind und verwaltet werden. Hierfür kommen vor allen Dingen die evangelischen Landeskirchen und die Diözesen der katholischen Kirche infrage. Schulen in mittelbarer kirchlicher Trägerschaft sind solche, bei denen eine zwischengeschaltete Organisation, die häufig ein eingetragener Verein des bürgerlichen Rechts oder eine Stiftung sein wird, rechtlich der unmittelbare Träger der Schule ist. Soweit der kirchliche Einfluß auf die unmittelbare Trägerorganisation eindeutig rechtlich festgelegt ist, ist die verfassungsrechtliche Lage der Schulen in mittelbarer kirchlicher Trägerschaft nicht anders zu beurteilen als der in unmittelbarer kirchlicher Trägerschaft. Die Notwendigkeit der Berücksichtigung auch der mittelbaren kirchlichen Trägerschaft erkennt schon Art. 138 Abs. 2 der Weimarer Reichsverfassung, der gemäß Art. 140 GG geltendes Verfassungsrecht ist, an. Danach werden das Eigentum und andere Rechte der Religionsgesellschaften und religiösen Vereine an ihren für Unterrichtszwecke bestimmten Anstalten gewährleistet. Hierzu gehören die von kirchlichen Vereinen und sonstigen Organisationen getragenen Schulen.

Die Notwendigkeit der Berücksichtigung von Schulen in mittelbarer kirchlicher Trägerschaft im vorliegenden Zusammenhang ergibt sich aber auch aus dem Sinn der staatskirchenrechtlichen Garantien für die Kirchen, deren Bedeutung für den Privatschulbereich gerade zu untersuchen ist. Das Bundesverfassungsgericht hat in seiner Entscheidung vom 11. Oktober 1977 zutreffend in Leitsatz 1 festgestellt, daß nach Art. 140 GG in Verbindung mit Art. 137 Abs. 3 der Weimarer Reichsverfassung nicht nur die organisierte Kirche und die rechtlich selbständigen Teile dieser Organisation, sondern alle der Kirche in bestimmter Weise zugeordneten Einrichtungen ohne Rücksicht auf ihre Rechtsform Objekte sind, bei deren Ordnung und Verwaltung die Kirche grundsätzlich frei ist[54].

3.3 Die verfassungsrechtliche Einordnung zwischen Privatschulgarantie und Staatskirchenrecht

Privatschulen in unmittelbarer und mittelbarer kirchlicher Trägerschaft unterliegen zunächst eindeutig der Privatschulgarantie in Art. 7 Abs. 4 GG,

---

[54] BVerfGE 46, S. 73.

deren Gehalt bereits erörtert worden ist. Als Schulen in kirchlicher Trägerschaft sind für sie möglicherweise aber auch Besonderheiten des Staatskirchenrechts zu beachten. Das gilt vor allem dann, wenn festgestellt werden sollte, daß die beiden großen christlichen Kirchen aus ihrem besonderen Selbstverständnis das Recht zur Gründung von Privatschulen in Anspruch nehmen.

Demgemäß wird zunächst, gewissermaßen als Voraussetzung für die weitere Behandlung, das kirchliche Selbstverständnis für die Gründung von privaten Schulen sowie die allgemeine Bedeutung dieses Selbstverständnisses im Staatskirchenrecht erörtert. Erst nach dieser Darlegung wird die Frage gestellt werden, ob sich aus der staatskirchenrechtlichen Lage Besonderheiten für kirchliche Privatschulen ergeben. Diesen Besonderheiten wird dann insbesondere für die Schulen und das Dienstrecht der Lehrer an derartigen Schulen nachgegangen werden.

4. Die von der Kirche getragene Schule im kirchlichen Selbstverständnis

4.1 Die Bedeutung des kirchlichen Selbstverständnisses

Das Bundesverfassungsgericht hat in einer inzwischen gefestigten Rechtsprechung die Bedeutung des kirchlichen Selbstverständnisses für den Bereich deutlich gemacht, der gemäß Art. 137 Abs. 3 der Weimarer Reichsverfassung zu den eigenen Angelegenheiten der Kirche gehört. So hat es für die Veranstaltung von Sammlungen aus religiös-karitativen Motiven, für die Ordnung des kirchlichen Amtsverhältnisses, sowie für die Übernahme von Aufgaben in der Krankenpflege das Selbstverständnis der Kirchen berücksichtigt[55].

Daraus folgt, daß auch hinsichtlich der Gründung und Unterhaltung von kirchlichen Privatschulen dem kirchlichen Selbstverständnis wesentliche Bedeutung zukommen kann. Dieses Selbstverständnis gilt es daher zu ermitteln.

4.2 Der Ausdruck des kirchlichen Selbstverständnisses für die Übernahme der Schulträgerschaft

Die katholische Kirche nimmt in Can. 1375 des Codex Juris Canonici ausdrücklich das Recht in Anspruch, Elementarschulen, Mittelschulen und

[55] BVerfGE 24, S. 236, 247 f.; 42, S. 312, 334 f.; BVerfGE 46, S. 73, 85 f.

Höhere Schulen zu gründen. Hier zeigt die kirchenrechtliche Lage das Selbstverständnis und den Zusammenhang mit dem kirchlichen Auftrag zur Wirkung in der Welt[56]. Das Selbstverständnis der evangelischen Kirche ist naturgemäß weniger eindeutig zu belegen. Auch hier ergibt sich aber aus einer Vielzahl von Erklärungen sowie vor allem aus der Praxis der evangelischen Landeskirchen in der Bundesrepublik Deutschland, daß die Gründung und Unterhaltung von kirchlichen Privatschulen als eine Aufgabe der Kirche in der Welt verstanden wird.

Insbesondere in der Entschließung der vierten Synode der Evangelischen Kirche in Deutschland vom 12. 11. 1971 wird das deutlich. In dieser Entschließung über die Evangelische Kirche und die Bildungsplanung heißt es unter 8:

> „Die evangelische Kirche will mit ihren Schulen neben dem vielfältigen Einsatz evangelischer Christen als Lehrer und Erzieher im öffentlichen Schulwesen einen eigenen Beitrag zu den wachsenden Aufgaben der Bildungsgesellschaft leisten. Sie tut dies in ihrer unter dem Evangelium übernommenen Verantwortung und Sorge für junge Menschen, nicht zuletzt für solche, die besonderer pädagogischer Förderung bedürfen.
> Mit allen Schulen in freier Trägerschaft sind diese Schulen mit ihren studien- und berufsbezogenen Bildungsgängen sowie schulischen Sonderformen herausgefordert, ihr Selbstverständnis zu überprüfen und sich an den anstehenden Reformen zu beteiligen. Dabei müssen sie für zukünftige Entwicklungen, Aufgaben und Schwerpunkte offen sein. Sie leisten damit einen heute notwendigen Beitrag der evangelischen Kirche und ihrer Werke in der Pluralität unserer Gesellschaft.
> Daher bittet die Synode der EKD die Gliedkirchen, die Träger evangelischer Schulen und die Schulen selbst, sich auch in Zukunft an dieser Verantwortung für Erziehung, Bildung und Ausbildung zu beteiligen.“

4.3 *Die Anerkennung dieses Selbstverständnisses durch den Staat in Konkordaten und Verträgen*

Das Reichskonkordat vom 20. Juli 1933, das nach der Rechtsprechung des Bundesverfassungsgerichts fortgilt, soweit es nicht durch neue Konkordate abgelost worden ist, gewährleistet der katholischen Kirche die Einrichtung von Privatschulen. Art. 23 legt fest, daß Beibehaltung und Neueinrichtung katholischer Bekenntnisschulen gewährleistet bleiben.

---

56 Vgl. *Maunz*, Kirchen als Schulträger, HdbStKirchR Bd. 2, S. 548 ff.

Art. 25 bestimmt, daß Orden und religiöse Kongregationen im Rahmen der allgemeinen Gesetze und gesetzlichen Bedingungen zur Gründung und Führung von Privatschulen berechtigt sind. Diese Privatschulen geben danach die gleiche Berechtigung wie die staatlichen Schulen, soweit sie die lehrplanmäßigen Vorschriften für letztere erfüllen[57]. Die Bestimmungen des Reichskonkordates sind in einer Reihe von Ländern durch Landeskonkordate ergänzt oder ersetzt worden. Das gilt für Bayern, wo durch den Vertrag mit dem Heiligen Stuhl vom 13. Dezember 1968 das Bayerische Konkordat vom 29. März 1924 geändert worden ist. Nach Art. 6bis ist der Bayerische Staat zur besonderen Förderung von Privatschulen in kirchlicher Trägerschaft verpflichtet. Er ersetzt privaten katholischen Volksschulen und Sonderschulen, die von juristischen Personen des öffentlichen oder privaten Rechts betrieben werden, auf gemeinnütziger Grundlage wirken und in Ausbau und Gliederung den für die öffentlichen Schulen geltenden gesetzlichen Vorschriften entsprechen, auf Antrag den notwendigen Aufwand, der sich nach dem der öffentlichen Schule bemißt[58]. Auch das Niedersächsische Konkordat vom 26. Februar 1965 garantiert in Art. 8, daß das Land den Schulen katholischer Träger im Rahmen der allgemeinen Förderung der Privatschulen weiterhin seine Hilfe angedeihen lassen wird[59]. Eine besonders eingehende Regelung findet sich in dem Vertrag zwischen dem Heiligen Stuhl und dem Saarland über die Privatschulen in Trägerschaft der katholischen Kirche vom 21. Februar 1975, der sich, wie die Bezeichnung zeigt, allein auf die Privatschulen in kirchlicher Trägerschaft bezieht. Gemäß Art. 1 bleibt der katholischen Kirche das Recht gewährleistet, Schulen in eigener Trägerschaft einzurichten und zu betreiben. Diese Schulen sind danach den öffentlichen Schulen im Range gleichgestellt. Gemäß Art. 2 wird das Saarland im Rahmen der allgemeinen Förderung der Schulen in freier Trägerschaft den Schulen in Trägerschaft der katholischen Kirche seine Hilfe angedeihen lassen. Im Zusatzprotokoll wird zu Art. 2 festgelegt, daß Schulen in Trägerschaft der katholischen Kirche auch die Schulen umfassen, die von kirchlichen Organisationen oder katholischen Vereinigungen getragen werden, die kirchenrechtlich als Schulträger anerkannt

---

[57] RGBl. II S. 679; zur Fortgeltung BVerfGE 6, 309 ff.

[58] GVBl. 1968, S. 398.

[59] GVBl. 1965, S. 191.

werden. Art. 3 und 4 regeln die Finanzhilfe für die katholischen Privatschulen[60].

Entsprechende Gewährleistungen finden sich in den Staatskirchenverträgen, die die evangelischen Landeskirchen mit Bundesländern abgeschlossen haben. In dem Vertrag zwischen dem Bayerischen Staat und der Evangelisch-Lutherischen Kirche in Bayern vom 13. Dezember 1968 wird der Evangelisch-Lutherischen Kirche in Bayern dieselbe Garantie vergegeben, wie sie die katholische Kirche nach dem oben genannten Vertrag hat[61]. Auch in Staatskirchenverträgen mit den Ländern Niedersachsen, Rheinland-Pfalz und Schleswig-Holstein finden sich entsprechende Bestimmungen, nach denen den Kirchen staatsvertraglich das Recht zugesichert wird, Privatschulen zu gründen[62].

Die ausdrückliche Gewährleistung des Rechtes der Kirchen zur Gründung und Führung von Privatschulen in einer Vielzahl von Konkordaten und Staatskirchenverträgen ist staatsrechtlich von erheblicher Bedeutung. Es ergibt sich daraus, daß der Staat nach dem Staatskirchenrecht der Bundesrepublik Deutschland die Schulgründung und Schulunterhaltung als eine Aufgabe kirchlicher Verantwortung ansieht, die nach dem Selbstverständnis der Kirchen zu den wesentlichen Aufgaben der Kirche gehört.

Da das Grundgesetz in Art. 7 Abs. 4 GG eine Privatschulgarantie enthält und damit das Bundesverfassungsrecht den Kirchen unter allen Umständen dieses Grundrecht sichert, konnte die Gewährleistung in Konkordaten und Staatskirchenverträgen ihren Sinn nur darin finden, daß die besondere kirchliche Beziehung zum Schulwesen über die bloße Grundrechtsausübung hinaus anerkannt wurde. Staatskirchenverträge und Konkordate haben diese Anerkennung vollzogen. Man hat die Verträge, in denen sich diese Anerkennung findet, zutreffend als Statusverträge bezeichnet, deren oberstes Ziel es ist, die Bestimmung und Einzelausgestaltung des grundsätzlichen Rechtsstandes der Kirche in und gegenüber dem Staat und seiner Verfassung vorzunehmen[63]. Gerade hinsichtlich des

60 Amtsbl. 1975, S. 452; ganz ähnlich der Vertrag zwischen dem Heiligen Stuhl und dem Land Rheinland-Pfalz vom 15. 5. 73, GVBl. S. 158.

61 GVBl. 1968, S. 401.

62 Niedersachsen GVBl. 1966, S. 4; Rheinland-Pfalz GVBl. 1962, S. 173; Schleswig-Holstein GVBl. 1957, S. 73.

63 *Hollerbach*, Verträge zwischen Staat und Kirche in der Bundesrepublik Deutschland, 1965, S. 75 f.

kirchlichen Privatschulwesens erscheint der Begriff des Statusvertrages wesentlich. Über die in der Bundesverfassung und den meisten Landesverfassungen enthaltene Privatschulgarantie, die grundrechtlichen Charakter trägt, hinaus hat der Staat hier den staatskirchenrechtlichen Status dahingehend bestimmt, daß die kirchliche Privatschule als ein besonderer Fall der Ausübung staatskirchenrechtlicher Zuständigkeiten der Kirche anerkannt wird[64].

4.4 Die Anerkennung des Selbstverständnisses der Kirchen im nichtvertraglichen Staatskirchenrecht

Das Grundgesetz gewährleistet in Art. 140 in Zusammenhang mit Art. 138 Abs. 2 der Weimarer Reichsverfassung den Kirchen und anderen Religionsgesellschaften und religiösen Vereinen das Eigentum an ihren für Kultus-, Unterrichts- und Wohltätigkeitszwecke bestimmten Anstalten, Stiftungen und sonstigen Vermögen. Es stellt sich die Frage, ob die ausdrückliche Anerkennung der Möglichkeit der Vermögenswidmung zu Unterrichtszwecken, die sich hier findet, nicht gleichzeitig eine Anerkennung der kirchlichen Zuständigkeit zur Schulgründung nach ihrem Selbstverständnis darstellt. Daß bei Inkrafttreten des Grundgesetzes bestehende Schulen in kirchlicher Trägerschaft zu den hier gewährleisteten Gütern gehören, ist eindeutig[65]. Dabei ist wesentlich, daß nach der insoweit unbestrittenen Auffassung die Gewährleistung nicht nur das Eigentum betrifft, sondern auch die damit verbundenen anderen Rechte erfaßt, die erst die der Widmung entsprechende Ausübung der kirchlichen Zuständigkeiten sichern[66]. Man kann aber nicht davon ausgehen, daß der Schutz des Art. 138 Abs. 2 Weimarer Reichsverfassung lediglich auf die bei Inkrafttreten des Grundgesetzes bestehenden kirchlichen Schulen zu beziehen ist. Vielmehr muß in dieser Bestimmung die Gewährleistung gesehen werden, daß die Kirchen in dem dort genannten Umfang Vermögen weiter für die verfassungsrechtlich ausdrücklich legitimierten Ziele widmen dürfen. Insofern ist durch das Staatskirchenrecht der Bundes-

---

64 Vgl. dazu auch *W. Geiger*, Kirchen und staatliches Schulsystem, HdbStKirchR Bd. 2, S. 487 ff.

65 Vgl. *W. Geiger*, a. a. O., S. 493.

66 *W. Geiger*, a. a. O., S. 493; *J. Heckel*, Kirchengut und Staatsgewalt, in: Festschrift für *Rudolf Smend*, 1952, S. 103, 129 ff., *C. Meyer*, HdbStKirchR Bd. 2, S. 91 ff.; *S. Marx*, ebendort, S. 117 ff.

republik Deutschland auch außerhalb des Vertragsrechtes normativ anerkannt worden, daß die Kirchen eine ihrer wesentlichen Aufgaben im Unterrichtswesen sehen[67].

5. Der Einfluß des Staatskirchenrechts

5.1 Das Verhältnis von Art. 7 zu Art. 4 und 140 GG

Freie Schulen in kirchlicher Trägerschaft sind Privatschulen im Sinne von Art. 7 Abs. 4 GG. Dennoch können für sie auch die Garantien des Staatskirchenrechts bedeutsam werden. Beide großen Kirchen betrachten die Gründung und Unterhaltung von Schulen ihrem Selbstverständnis entsprechend als eine auch der Kirche zustehende Aufgabe. Nicht nur die karitative Tätigkeit der Kirchen, sondern ebenso die Wahrnehmung ihrer Aufgaben im Bereich der Bildung werden häufig als klassische Beispiele bezeichnet, die einerseits die Betätigung des kirchlichen Auftrages, andererseits aber auch des gesellschaftlichen Engagements der Kirchen auf Gebieten öffentlicher Bedeutung zeigen[68].

Das haben die Bundesländer anerkannt, indem sie in großem Umfang das Recht der Kirchen, Schulträger zu sein, in Staatskirchenverträgen und Konkordaten über die verfassungsrechtlichen Gewährleistungen hinaus ausdrücklich bestätigt haben[69].

Daraus, daß die Kirche als Schulträger nicht nur das Grundrecht der Privatschulfreiheit ausübt, sondern darüber hinaus den ihr spezifischen verfassungsrechtlich anerkannten Auftrag erfüllt, folgt eine Verstärkung des Schutzes kirchlicher Privatschulen gegenüber staatlicher Einflußnahme. Soweit es um die Verwirklichung des kirchlichen Selbstverständnisses im schulischen Leben einschließlich bestimmter Besonderheiten des Unterrichtes geht, kann sich die Kirche auch auf den Schutz von Art. 4 und Art. 140 GG in Verbindung mit Art. 137 Abs. 3 WRV berufen. Was das im Einzelfall bedeutet, bedarf jeweils genauer Klärung.

Es mag hierfür aber ein Beispiel gegeben werden. Etwa im Bereich des Sexualkundeunterrichts kann ein kirchlicher Schulträger sich auf Art. 4 GG

---

67 Ebenso ohne Erörterung *Meyer*, a. a. O.; *Marx*, a. a. O.

68 Vgl. *Scheuner*, System der Beziehungen von Staat und Kirchen im Grundgesetz, HdbStKirchR, Bd. 1, S. 67 f.

69 Vgl. oben S. 33 ff.

und 137 Abs. 3 WRV berufen, um jeglichen staatlichen Einfluß auf die Anordnung oder Gestaltung dieses Unterrichtes abzuwehren. Es wäre von daher auch unzulässig, die Nichterteilung oder andersartige Erteilung dieses Unterrichts in irgendeiner Weise bei der Prüfung der Gleichwertigkeit im Rahmen von Art. 7 Abs. 4 GG zu berücksichtigen. Mit der Anerkennung der Tatsache, daß die Kirche als Privatschulträger ihren besonderen Auftrag erfüllt, muß der Staat auch anerkennen, daß dort, wo die Kirche etwa eine dogmatisch gebundene Position vertreten sollte, die Eigenständigkeit der Kirche sich durchsetzt. Insofern kann die Beziehung der kirchlichen Schulträgerschaft zu Art. 4 und 140 GG bedeutsam werden[70].

Die hier dargelegte Auffassung entspricht der in dem Beschluß des Bundesverfassungsgerichts vom 11. Oktober 1977 enthaltenen Feststellung, daß nach Art. 140 GG in Verbindung mit Art. 137 Abs. 3 WRV nicht nur die organisierte Kirche und die rechtlich selbständigen Teile dieser Organisation, sondern alle der Kirche in bestimmter Weise zugeordneten Einrichtungen ohne Rücksicht auf ihre Rechtsform Objekte sind, bei deren Ordnung und Verwaltung die Kirche grundsätzlich frei ist, wenn sie nach kirchlichem Selbstverständnis ihrem Zweck oder ihrer Aufgabe entsprechend berufen sind, ein Stück Auftrag der Kirche in dieser Welt wahrzunehmen und zu erfüllen. In der Entscheidung war die rechtliche Stellung eines gemeinnützigen katholischen Krankenhauses in der Rechtsform einer rechtsfähigen Stiftung des privaten Rechts zu erörtern. Das Bundesverfassungsgericht hat die Regelung der Mitbestimmung der Arbeitnehmer dieser Stiftung als eine eigene Angelegenheit der katholischen Kirche angesehen, die sich der staatlichen Regelungsbefugnis entzieht. Es hat dafür besonders auf die nach dem Selbstverständnis der Kirche entscheidende Eigenart des Dienstes abgehoben, zu dem sich alle in der karitativen Arbeit Tätigen zusammengefunden haben. Diese Eigenart des Dienstes bestehe darin, daß das spezifisch Religiöse karitativer Tätigkeit im Auge behalten werde, das die Behandlung der Kranken durchdringe, sich im Geist des Hauses, in der Rücksicht auf die im Patienten angelegten religiös-sittlichen Verantwortungen und Bedürfnisse, im Angebot sakramentaler Hilfe usw. und damit notwendigerweise auch im Organisatorischen niederschlage[71].

---

70 Vgl. *A. Hollerbach*, Die Kirchen unter dem Grundgesetz, VVDStRL 26, 1968, S. 90–93.

71 BVerfGE 46, S. 73, 87 ff., 95 f.

Ebenso wie für die karitative Tätigkeit der Kirchen muß für ihre Übernahme von Verantwortung im Bildungswesen verfassungsrechtlich eine Pflicht zur Rücksichtnahme des Staates auf die Besonderheiten des kirchlichen Selbstverständnisses bei der Erfüllung dieses Auftrages betont werden.

5.2 Die kirchliche Trägerschaft von Privatschulen als öffentlichrechtlich anerkannte Garantiefunktion

Macht man sich klar, daß die kirchliche Trägerschaft von Privatschulen über die Ausübung des Grundrechts der Privatschulfreiheit hinaus staatskirchenrechtlich gesichert ist, so kann sich die Frage stellen, ob eine dem Körperschaftsstatus der Kirchen entsprechende öffentlichrechtliche Garantiefunktion dieses Schulträgers anzunehmen ist. In der Vereinbarung des Landes Niedersachsen mit den evangelischen Landeskirchen in Niedersachsen über die Privatschulen vom 10. September bis 14. November 1957 (Nds.MinBl. S. 970) lautet der § 3:

> „Bei der Entscheidung über die Verleihung der Eigenschaft einer anerkannten Privatschule gemäß § 8 Abs. 1 Privatschulgesetz wird das Land berücksichtigen, daß die Landeskirchen als Träger von Ersatzschulen eine besondere Gewähr für die Erfüllung der Anforderungen bieten, die an gleichartige oder verwandte öffentliche Schulen gestellt werden."

Hier hat ein Prinzip seinen Ausdruck gefunden, das die konsequente Folge der staatskirchenrechtlichen Lage und ihrer Garantie der kirchlichen Schulträgerschaft ist. Auch ohne ausdrückliche Festlegung in Staatskirchenverträgen oder Konkordaten entspricht es der Rechtslage, wenn der Staat als verpflichtet angesehen wird, die Besonderheiten zu berücksichtigen, die sich aus der kirchlichen Schulträgerschaft ergeben. Insbesondere gehört dazu die Berücksichtigung der Erfahrung und Tradition der Kirchen als Schulträger durch den Staat.

Auch hier ist es nicht einfach, konkrete rechtliche Folgerungen aus einem zunächst einmal allgemeinen Prinzip des Verhältnisses von Kirche und Staat hinsichtlich des kirchlichen Schulwesens zu ziehen. Man mag in gewissem Sinn diese Pflicht zur Berücksichtigung der Besonderheiten kirchlicher Schulträgerschaft vergleichen mit dem Verfassungsprinzip der Bundestreue, das das Verhältnis zwischen Bund und Ländern grundlegend bestimmt. Ebenso wie dort die Ausübung der gegenseitigen Kompetenzen durch ein Prinzip bestimmt wird, das die Rücksichtnahme auf die jeweils anderen Kompetenzen zur Pflicht macht, muß der Staat bei seinen Maßnahmen gegenüber Schulen in kirchlicher Trägerschaft auf deren Besonderheiten spezifisch Rücksicht nehmen. Das kann sogar dazu führen, daß Maßnahmen, die gegenüber Privatschulen sonst unbedenklich wären, gegenüber Schulen in kirchlicher Trägerschaft unzulässig sind.

Als Beispiel für derartige Konsequenzen aus dem allgemeinen Grundsatz der Rücksichtnahme kann hier das Verhältnis zwischen staatlichen und kirchlichen Schulbehörden angegeben werden. Dort, wo Kirchen als Körperschaften des öffentlichen Rechts eine eigene entwickelte Schulverwaltung haben, dürfen die dieser Schulverwaltung unterstehenden Schulen in kirchlicher Trägerschaft nicht einfach vom Staat so behandelt werden wie Schulen irgendeines Vereins, die keinerlei organisierte Aufsicht außer der staatlichen Schulaufsicht kennen. Die Pflicht des Staates zur Rücksichtnahme muß bedeuten, daß Maßnahmen der staatlichen Schulaufsicht in erster Linie an die kirchlichen Schulaufsichtsbehörden gerichtet werden und der Staat nur in Ausnahmefällen, wo besonderer Anlaß dazu besteht, mit seinen Aufsichtsmaßnahmen auf die betroffene Schule unmittelbar durchgreift[72].

6. Das Dienstrecht von Lehrern an Schulen in kirchlicher Trägerschaft

6.1 Existenz und Anerkennung eines eigenen kirchlichen Dienstrechts

Die Landeskirchen der Evangelischen Kirche in Deutschland kennen auf der Grundlage einer langen Tradition, die ihren Ausgang von der dem landesherrlichen Kirchenregiment entsprechenden Qualifizierung von Pfarrern und anderen kirchlichen Bediensteten als Staatsbeamten nahm, ein eigenes kirchliches Beamtenrecht. Es ist dem staatlichen öffentlichen Dienst nachgebildet[73]. Lehrer an Schulen in kirchlicher Trägerschaft werden weitgehend in das kirchliche Beamtenverhältnis berufen[74].

Das Verfassungsrecht des Grundgesetzes erkennt durch die Übernahme von Art. 137 der Weimarer Reichsverfassung die Möglichkeit der Begründung eines kirchlichen Beamtenverhältnisses an. Nach allgemeiner Auf-

---

[72] Vgl. dazu K. Hesse, AöR 3 (1953/54), 188, 192.

[73] Vgl. dazu die Darstellung von *Frank*, Dienst- und Arbeitsrecht in HdbStKirchR Bd. 1, S. 669 ff.

[74] Von den Lehrern an Schulen in kirchlicher Trägerschaft im Bereich der Landeskirche von Westfalen befinden sich bei einer Gesamtzahl von ca. 450 ca. 300 im Kirchenbeamtenverhältnis.

fassung ist das eine der Konsequenzen, die sich aus der in Art. 137 Abs. 5 WRV gewährleisteten Körperschaftsnatur der Kirchen ergibt[75]. Gemäß Art. 137 Abs. 3 S. 2 WRV verleiht jede Religionsgesellschaft ihre Ämter ohne Mitwirkung des Staates oder der bürgerlichen Gemeinde. Auch in dieser Bestimmung wird die Zuständigkeit der Kirche zur Ausgestaltung eines eigenen Amtsrechts mittelbar anerkannt.

Das Bundesverfassungsgericht hat die Ausgestaltung kirchlicher Amtsverhältnisse zu den Angelegenheiten gerechnet, für die die Kirche grundsätzlich eine volle Eigenzuständigkeit in Anspruch nehmen kann. Im Zusammenhang mit den Inkompatibilitätsregelungen für Amtsträger der Bremischen Evangelischen Kirche hat das Gericht es als eine Entscheidung einer inneren kirchlichen Angelegenheit angesehen, inwieweit Kirchenbeamte der Bremischen Evangelischen Kirche einer derartigen Regelung unterfallen oder nicht. Es hat der Tatsache besondere Bedeutung beigemessen, daß nach dem Recht der Bremischen Evangelischen Kirche die Berufung in das Kirchenbeamtenverhältnis nur zur Wahrnehmung eines Dienstes von besonderer kirchlicher Verantwortung zulässig ist und insofern die Kirchenbeamten entweder unmittelbar oder mittelbar der Kirche und ihrem religiös-geistlichen Auftrag dienen[76].

Insoweit Lehrer an Schulen in kirchlicher Trägerschaft in das kirchliche Beamtenverhältnis berufen werden, nehmen auch sie damit die spezifische Zuständigkeit der Kirche zur Übernahme von Verantwortung im Bildungswesen wahr. Lehrer an kirchlichen Schulen im kirchlichen Beamtenverhältnis erfüllen daher nach dem Selbstverständnis der Kirche den besonderen Auftrag, auf den die Gründung kirchlicher Schulen zurückgeht[77].

Aus Art. 137 Abs. 3 und Abs. 5 WRV folgt, daß der Staat das kirchliche Beamtenverhältnis im Schuldienst anzuerkennen hat. Das zeigt auch § 135 Beamtenrechtsrahmengesetz, wonach dieses Gesetz für Kirchen nicht unmittelbar gilt, sie ihr Beamtenrecht aber entsprechend regeln können. Es fragt sich, inwieweit die Existenz eines kirchlichen Beamtenverhältnisses vom Staat bei der Regelung der Dienstverhältnisse von

---

[75] Vgl. *Friesenhahn*, Die Kirchen als Körperschaften des öffentlichen Rechts, HdbStKirchR Bd. 1, S. 564; *Frank*, a. a. O., S. 680.

[76] BVerfGE 42, S. 312, 342–344. Ebenso § 4 Kirchenbeamtengesetz der EKU v. 11. 11. 1960 (ABl. EKD 1961, S. 30).

[77] Vgl. oben S. 33.

Lehrern an Privatschulen berücksichtigt werden muß. Insbesondere für die staatlichen Bestimmungen, die sich auf Lehrer an Ersatzschulen beziehen, wird das im folgenden zu erörtern sein.

6.2 *Die Regelungen über Lehrer an Ersatzschulen und das kirchliche Beamtenverhältnis*

Die Bundesländer haben durchweg eingehende Regelungen über das Rechtsverhältnis der Lehrer an Ersatzschulen getroffen[78]. Dafür gab es zwei Gründe. Einmal mußte der Gesetzgeber festlegen, wann gemäß Art. 7 Abs. 4 S. 4 GG die wirtschaftliche und rechtliche Stellung der Lehrkräfte an Ersatzschulen genügend gesichert ist. Nur wenn das der Fall ist, darf nach dieser Bestimmung die Genehmigung der Ersatzschule erfolgen. Der zweite Grund war aber die bereits früher erwähnte aufgrund der Rechtsprechung des Bundesverwaltungsgerichts überall weitgehend eingeführte Ersatzschulfinanzierung durch den Staat.

Die Regelungen in den Bundesländern können hier nicht im einzelnen erörtert werden. Beispielhaft soll das nordrhein-westfälische Recht herangezogen werden, um zu zeigen, an welchen Stellen Bedenken gegen die Ausgestaltung bestehen können.

Gemäß § 37 Abs. 3d des Schulordnungsgesetzes von Nordrhein-Westfalen muß die wirtschaftliche und rechtliche Stellung der Lehrkräfte an Ersatzschulen der Stellung der Lehrer an den vergleichbaren öffentlichen Schulen entsprechen. Hier geht der Gesetzgeber in seiner Formulierung über das hinaus, was Art. 7 Abs. 4 S. 4 GG gebietet. Während die Verfassung lediglich vorschreibt, daß die wirtschaftliche und rechtliche Stellung der Lehrkräfte genügend gesichert sein muß, hat der einfache Gesetzgeber in Nordrhein-Westfalen die volle Entsprechung der Stellung der Lehrer an Ersatzschulen mit der an vergleichbaren öffentlichen Schulen eingeführt. § 37 Abs. 3d Schulordnungsgesetz von Nordrhein-Westfalen ist verfassungswidrig, wenn er nicht dahin ausgelegt werden kann, daß die „Entsprechung“ nicht mehr bedeutet als die wirtschaftliche und rechtliche Sicherung der Lehrkräfte an Ersatzschulen.

Es wurde bereits dargelegt, daß der Landesgesetzgeber nicht in der Lage ist, die Genehmigungsvoraussetzungen für Ersatzschulen über das hinaus zu verschärfen, was in Art. 7 Abs. 4 GG niedergelegt ist[79]. Gewiß

---

[78] Vgl. dazu *Seipp/Tenhof*, Die Privatschule, Bd. 2.

[79] Vgl. oben S. 2f.

ist es richtig, daß Ersatzschullehrer, deren rechtliche Stellung der eines Lehrers an einer öffentlichen Schule entspricht, im Sinne von Art. 7 Abs. 4 S. 4 GG als genügend gesichert angesehen werden müssen. Das bedeutet aber nicht, daß allein diese Art der Sicherung, die die rechtliche Stellung des Lehrers am Beamtenverhältnis orientiert, im Rahmen von Art. 7 Abs. 4 S. 4 GG möglich ist. Auch Dienstverhältnisse, die sich von dem des Beamtenverhältnisses wesentlich unterscheiden, aber eine rechtliche und wirtschaftliche Sicherung des Lehrers ermöglichen, müssen im Sinne von Art. 7 Abs. 4 S. 4 GG anerkannt werden.

Noch weiter geht das nordrhein-westfälische Recht in § 8 Abs. 2 des Ersatzschulfinanzgesetzes, wonach das Anstellungsverhältnis der an Ersatzschulen beschäftigten Planstelleninhaber demjenigen eines Beamten auf Lebenszeit vergleichbar sein muß. Das trifft nach dem Satz 2 dieser Bestimmung zu, wenn bei der Berufung in das Dienstverhältnis und bei Beendigung des Dienstverhältnisses die allgemeinen beamtenrechtlichen Vorschriften beachtet werden, soweit diese nicht auf der Eigenart des öffentlichen Dienstes beruhen. Hier ist eine praktisch vollständige Anbindung der Ausgestaltung der Dienstverhältnisse von Ersatzschullehrern an das staatliche Beamtenrecht über die Ersatzschulfinanzierung erfolgt.

Es ist unzweifelhaft, daß der Staat bei der Gewährung einer Ersatzschulfinanzierung festlegen kann, in welcher Höhe er Gehälter von Ersatzschullehrern bezuschussen möchte. Selbstverständlich kann eine derartige Regelung auch die Bedingungen des Art. 7 Abs. 4 S. 4 GG als Voraussetzung jeder Ersatzschulfinanzierung wiederholen. Es kann aber nicht als verfassungsrechtlich zulässig angesehen werden, wenn der Staat über Ersatzschulfinanzierungsregelungen das Dienstverhältnis der Lehrer an Ersatzschulen über Art. 7 Abs. 4 S. 4 GG hinausgehend dem staatlichen Beamtenverhältnis angleicht. Insbesondere erscheint es auch nicht möglich, daß der Staat hierin eine Bedingung für die Ersatzschulfinanzierung formuliert, die diejenigen Ersatzschulen privilegiert, deren Lehrer in einem beamtenähnlichen Verhältnis stehen. Hierin läge ein Verstoß gegen Art. 3 GG. Es wäre willkürlich und ohne jede sachliche Begründung, wenn die Ersatzschulfinanzierung über das, was Art. 7 Abs. 4 S. 4 GG für die Stellung der Lehrer festlegt, hinaus danach differenzieren würde, ob diese Lehrer in einem beamtenähnlichen Verhältnis stehen.

Es ist anzuerkennen, daß die herrschende Lehre einen Unterschied zwischen der Finanzierung von anerkannten und genehmigten Ersatzschulen für möglich hält[80]. Auch das muß aber unterschieden werden von einer Regelung, nach der die Art der Anstellung der Ersatzschullehrer zum Differenzierungskriterium für die Finanzierung gemacht wird. Daraus folgt, daß § 8 Abs. 2 des Ersatzschulfinanzgesetzes von Nordrhein-Westfalen verfassungsrechtlich mindestens als bedenklich angesehen werden muß. Freilich kommt es auf die Anwendung dieser Bestimmung in der Praxis an. Erst daraus kann sich ergeben, inwieweit unzulässige Anforderungen an die Ersatzschulen gestellt werden.

Einige bekannt gewordene Beispiele zeigen, daß die Tendenz zur Gleichbehandlung von Ersatzschullehrkräften mit Lehrern öffentlicher Schulen außerordentlich weit zu gehen scheint. So hat das Bundesverwaltungsgericht einen bayerischen Fall zu entscheiden gehabt, in dem die Stiftungsaufsichtsbehörde die Genehmigung zur Anstellung eines Schulleiters an einer Internatsschule zu anderen Bedingungen, als sie in einer staatlichen Schule möglich gewesen wären, verweigert hatte. Die Annahme dürfte nicht fern liegen, daß sich die bayerische Stiftungsaufsichtsbehörde, die hier gehandelt hatte, vor allem von der Tendenz der Angleichung der Rechtsverhältnisse von Ersatzschullehrern an die der Lehrer der öffentlichen Schulen hatte leiten lassen. Das Bundesverwaltungsgericht hat demgegenüber festgestellt, daß die Stiftungsaufsicht nicht ihr Ermessen an die Stelle des Ermessens der Stiftungsorgane zu setzen habe. Erst wenn das Handeln der Stiftungsorgane nicht mehr vertretbar, insbesondere mit einer vernünftigen wirtschaftlichen Betrachtungsweise unvereinbar sei, könne die Stiftungsaufsicht die Genehmigung von Verträgen, die die Organe der Stiftung ausgehandelt haben, ablehnen. Das sei hier nicht der Fall[81]. Dasselbe muß für die Schulaufsicht gelten.

Geradezu erstaunlich sind die Auswirkungen, die sich aus § 8 Abs. 2 des Ersatzschulfinanzgesetzes von Nordrhein-Westfalen ergeben können, wenn es sich um die Einweisung von Ersatzschullehrern in Planstellen handelt. Nach dieser Vorschrift muß der Planstelleninhaber in seinem Anstellungsverhältnis einem Beamten auf Lebenszeit vergleichbar sein. Während gemäß § 9 Abs. 2 der Laufbahnverordnung des Landes Nordrhein-Westfalen ein Beamter unter Berücksichtigung seines Wehrdienstes als Beamter auf Probe in eine Planstelle eingewiesen werden kann, vertritt der Kultusminister die Auffassung, daß in einem entsprechenden

---

80 Vgl. oben S. 5 ff.

81 BVerwGE 40, 347 = DÖV 1973, S. 272 mit Anmerkung von *Leisner*.

Fall wegen der Regelung in § 8 Abs. 2 des Ersatzschulfinanzgesetzes eine Einweisung eines Lehrers auf Probe in eine Planstelle an einer Ersatzschule unmöglich sei[82].

Hier führt die Regelung des Ersatzschulfinanzgesetzes dazu, daß für Lehrer an Ersatzschulen schärfere Voraussetzungen gefordert werden, als sie für Lehrer an staatlichen Schulen gelten. Daß das mit Art. 7 Abs. 4 S. 4 GG unvereinbar ist, erscheint eindeutig.

Bei der Anwendung der Ersatzschulfinanzregelungen muß deren verfassungsrechtliche Grundlage beachtet werden. Nur dann bestehen keine Bedenken gegenüber diesen Bestimmungen, wenn sie als Grundlage für die Berechnung der Höhe der Zuschüsse an Ersatzschulen verwendet werden und hierbei die Gehälter von Lehrern im öffentlichen Dienst zugrunde gelegt werden. Dagegen erscheint es verfassungsrechtlich nicht gedeckt, wenn über den Umweg der Ersatzschulfinanzregelungen Einfluß auf die Ausgestaltung des Lehrerdienstverhältnisses genommen wird, der über Art. 7 Abs. 4 S. 4 GG hinausgeht. Vor allem ist es nicht vertretbar, wenn auf diese Weise Lehrer an Ersatzschulen in der Möglichkeit der Einweisung in Planstellen schlechter gestellt werden als Lehrer an öffentlichen Schulen.

6.3 Die Berücksichtigung eines Kirchenbeamtenverhältnisses bei der Anwendung der Ersatzschulregelungen

Bei Lehrern an Ersatzschulen, die in das kirchliche Beamtenverhältnis berufen worden sind, entspricht die wirtschaftliche und rechtliche Stellung der Stellung der Lehrer an den vergleichbaren öffentlichen Schulen. Das ergibt sich aus der dem staatlichen öffentlichen Dienst nachgebildeten Regelung des kirchlichen Beamtenverhältnisses. Die Berufung in das kirchliche Beamtenverhältnis darf nicht der staatlichen Genehmigung unterliegen. Das wäre ein Eingriff in die kirchliche Ämterhoheit.

Hier ergibt sich offenbar in der Praxis nicht selten eine Unklarheit aus dem Zusammenspiel der Ersatzschulregelungen und dem kirchlichen Beamtenrecht. Gemäß § 41 Abs. 2 Schulordnungsgesetz von Nordrhein-Westfalen bedürfen Leiter und Lehrer von Ersatzschulen zur Ausübung ihrer Tätigkeit der Genehmigung der staatlichen Schulaufsichtsbehörde. Diese generell aus der staatlichen Schulaufsicht folgende Bestimmung, die der Kontrolle der Voraussetzungen aus Art. 7 Abs. 4 S. 3 und 4 GG

82 Vgl. dazu Erlaß des Kultusministers vom 29. September 1977, Az.: ZB 3-22/03-1084/77.

hinsichtlich der wissenschaftlichen Ausbildung der Lehrkräfte und ihrer wirtschaftlichen und rechtlichen Stellung dient, ist unbedenklich. Es handelt sich um eine typische präventive Schulaufsichtsmaßnahme. Aus dieser Genehmigung zur Ausübung der Tätigkeit als Lehrer an einer Ersatzschule folgt jedoch nicht eine staatliche Genehmigungskompetenz hinsichtlich der Ernennung zum Kirchenbeamten. Beide Dinge sind klar zu trennen. Der Staat hat eine Genehmigungskompetenz, die sich auf die Sicherstellung der Gleichwertigkeit einer Ersatzschule bezieht. Das bedeutet aber nicht, daß er die Einzelausgestaltung des kirchlichen Beamtenverhältnisses seiner Genehmigung unterstellen könnte. Lediglich dann wäre eine Genehmigung nach § 41 Abs. 2 zu verweigern, wenn klar wäre, daß die Ausgestaltung der rechtlichen und wirtschaftlichen Stellung des Lehrers der Regelung von Art. 7 Abs. 4 S. 4 GG nicht entspräche. Dann aber dürfte die Ersatzschule insgesamt nicht genehmigt werden. Wo die Anstellungspraxis des Ersatzschulträgers den Voraussetzungen in Art. 7 Abs. 4 S. 4 GG nachkommt, können derartige Probleme bei der Genehmigung nach § 41 Abs. 2 Schulordnungsgesetz keine Rolle spielen.

Beim kirchlichen Beamtenverhältnis ergibt sich aus dem oben Gesagten bereits, daß der Staat die rechtliche und wirtschaftliche Sicherung im Sinne von Art. 7 Abs. 4 S. 4 GG rechtlich anerkennen muß.

Inwieweit der Staat auf die Anstellung von Lehrern an Ersatzschulen, die im Kirchenbeamtenverhältnis stehen, Einfluß nehmen kann, ist für zwei Fragen noch eingehender zu untersuchen. Es handelt sich um die Anwendung des Verpflichtungsgesetzes vom 1. Januar 1975 sowie um die Praxis, von Ersatzschullehrern Erklärungen über die Verfassungstreue zu verlangen. In beiden Fällen werden grundsätzliche Fragen des Verhältnisses der staatlichen Überprüfung des Anstellungsverhältnisses an Ersatzschulen einerseits, der kirchlichen Zuständigkeit für die Ernennung von Kirchenbeamten andererseits, aufgeworfen. Zumindest im Lande Nordrhein-Westfalen verlangt der Staat von Ersatzschullehrern im Kirchenbeamtenverhältnis die Verpflichtung nach dem Verpflichtungsgesetz sowie die Erklärung über die Bereitschaft, sich an das Prinzip der Verfassungstreue, das für den öffentlichen Dienst gilt, zu halten.

6.4 Die Anwendung des Verpflichtungsgesetzes auf Kirchenbeamte im Ersatzschuldienst

Nach § 1 des Gesetzes über die förmliche Verpflichtung nichtbeamteter Personen (BGBl. 1974 I S. 469, 545) soll auf die gewissenhafte Erfüllung seiner Obliegenheiten verpflichtet werden, wer, ohne Amtsträger (§ 11 Abs. 1 Nr. 2 des Strafgesetzbuches) zu sein, bei einer Behörde oder sonstigen Stelle, die Aufgaben der öffentlichen Verwaltung wahrnimmt, beschäftigt oder für sie tätig ist. Nach Auffassung des Kultusministers des Landes Nordrhein-Westfalen ist eine derartige Verpflichtungserklärung von Ersatzschullehrern abzugeben. Das soll auch dann gelten, wenn sie in das Kirchenbeamtenverhältnis berufen worden sind. Der Kultusminister hat durch die Verordnung über Zuständigkeiten nach dem Verpflichtungsgesetz im Geschäftsbereich des Kultusministers vom 12. August 1976 (GVBl. 1976, S. 306) die Leiter der Ersatzschulen als zuständige Stellen für die Verpflichtung der Arbeitnehmer bestimmt, die bei den der Fachaufsicht des Kultusministers unterstehenden Ersatzschulen beschäftigt sind. Gemäß § 2 dieser Verordnung sind für die Verpflichtung der Leiter der Ersatzschulen die jeweils zuständigen Schulaufsichtsbehörden die zuständigen Stellen.

Das Verpflichtungsgesetz, das eine nationalsozialistische Verordnung aus dem Jahre 1943 ablöst, hat den Sinn, § 11 Abs. 1 Nr. 4 StGB zur Anwendung zu bringen. Danach fallen für den öffentlichen Dienst besonders verpflichtete Personen unter die Bestimmungen des Strafgesetzbuches, die wie Vorteilsannahme, Bestechlichkeit, Vorteilsgewährung, Bestechung (§§ 331–334 StGB) den für den öffentlichen Dienst besonders Verpflichteten ausdrücklich als Täter erwähnen. Sinn der Regelung ist es, die vor allem der Integrität des öffentlichen Dienstes dienenden Strafbestimmungen zu erweitern und auf Personen anzuwenden, die zwar nicht Amtsträger sind, aber bei Behörden oder sonstigen Verwaltungsstellen arbeiten.

Fragt man sich, worin die Rechtfertigung liegen könnte, das Verpflichtungsgesetz gegenüber anerkannten Privatschulen zur Anwendung zu bringen, so zeigen sich erhebliche Unklarheiten. Die Aufrechterhaltung der Integrität des Dienstes bei privaten Schulträgern ist in erster Linie Aufgabe des Schulträgers selbst. Es kann nicht Aufgabe des Staates sein, diese Integrität durch die Anwendung speziell für den öffentlichen Dienst geschaffener Strafbestimmungen zu sichern. Mit der in Art. 7 Abs. 4 S. 4 GG vorausgesetzten Sicherung der rechtlichen und wirtschaftlichen Stellung der Lehrer an Ersatzschulen hat das nichts zu tun.

Eine weitere Unklarheit ergibt sich daraus, daß nach § 11 Abs. 1 Nr. 2c StGB Amtsträger auch derjenige ist, der „sonst dazu bestellt ist, bei einer Behörde oder bei einer sonstigen Stelle oder in deren Auftrag

Aufgaben der öffentlichen Verwaltung wahrzunehmen". Da nach der herkömmlichen Auffassung der Lehrer an der anerkannten Ersatzschule als Beliehener Aufgaben der öffentlichen Verwaltung wahrnimmt, insoweit er Versetzungs- oder Prüfungsentscheidungen trifft[83], ist er nach dieser Bestimmung unmittelbar Amtsträger im Sinne des Strafgesetzbuches. Das bedeutet, daß § 1 Abs. 1 des Verpflichtungsgesetzes keine Anwendung finden kann, weil diese Bestimmung voraussetzt, daß der zu Verpflichtende nicht Amtsträger im Sinne des Strafgesetzbuches ist. Auch wenn mit der oben für richtiger gehaltenen Meinung die Tätigkeit des Lehrers an einer anerkannten Ersatzschule insgesamt als Ausübung des Grundrechts der Privatschulfreiheit qualifiziert wird[84] und er insofern nicht als Amtsträger angesehen werden kann, erscheint die Anwendung des Verpflichtungsgesetzes auf die Ersatzschule mindestens sehr problematisch. Die Formulierung „bei einer Behörde oder bei einer sonstigen Stelle, die Aufgaben der öffentlichen Verwaltung wahrnimmt", deutet auf den Bereich der öffentlichen Verwaltung, nicht aber auf das Privatschulwesen einschließlich des anerkannten Ersatzschulwesens hin[85].

Auch hier wendet die staatliche Kultusverwaltung undifferenziert Bestimmungen, die für den öffentlichen Dienst, hier den nichtbeamteten öffentlichen Dienst im weiteren Sinn, erlassen worden sind, auf die Ersatzschulen an. Das ist durch § 8 Abs. 2 Ersatzschulfinanzgesetz ebenso wie durch § 8 Abs. 4 der dritten Verordnung zur Ausführung des Schulordnungsgesetzes in Nordrhein-Westfalen nahegelegt, weil beide die Anwendung der allgemeinen beamtenrechtlichen Vorschriften, soweit diese nicht auf der Eigenart des öffentlichen Dienstes beruhen, für Ersatzschullehrer als Voraussetzung dafür bestimmen, daß die Vergleichbarkeit der rechtlichen Stellung mit der des Lehrers an öffentlichen Schulen gegeben ist.

Eine Berufung auf diese Bestimmungen scheidet aber gerade für die Anwendung des Verpflichtungsgesetzes aus. Einmal beruht dieses Gesetz in der Tat auf der Eigenart des öffentlichen Dienstes und darauf, daß das Strafgesetzbuch für Angehörige des öffentlichen Dienstes im weitesten

---

83 Vgl. oben S. 5 ff.

84 Vgl. oben S. 9.

85 Vgl. *Schönke/Schröder*, StGB-Kommentar, 19. Aufl., 1978, § 11 Rdnr. 35 zum Anwendungsbereich dieser Vorschrift.

Sinne Sonderregelungen enthält. Zum anderen dürfen die Bestimmungen des Ersatzschulfinanzgesetzes, wie gezeigt wurde, restriktiv nur hinsichtlich der wirtschaftlichen und rechtlichen Sicherung des Anstellungsverhältnisses angewendet werden[86]. Eine Bindung des Ersatzschullehrerverhältnisses an Bestimmungen des öffentlichen Dienstes, die damit nichts zu tun haben, wäre ein Verstoß gegen Art. 7 Abs. 4 S. 4 GG.

Überprüft man die Anwendung des Verpflichtungsgesetzes in Fällen, in denen Ersatzschullehrer in das kirchliche Beamtenverhältnis berufen worden sind, so erscheint die Situation noch fragwürdiger. Wie dargelegt wurde, anerkennt das deutsche Verfassungsrecht die Möglichkeit der Ordnung des kirchlichen Dienstes in der Form des kirchlichen Beamtenrechts[87]. Es ist umstritten, inwieweit die Berufung in das kirchliche Beamtenverhältnis den Kirchenbeamten unmittelbar in den Anwendungsbereich von § 11 Abs. 1 Nr. 2 StGB bringt[88]. Auch wenn man das mit der wohl richtigen Auffassung verneint, weil der Kirchenbeamte nicht Beamter im Sinne dieser Vorschrift ist, sind die Voraussetzungen für die Anwendung des Verpflichtungsgesetzes keineswegs gegeben[89]. Sieht man den Lehrer an der anerkannten Ersatzschule mit der herrschenden Auffassung als Beliehenen an, so ist § 11 Abs. 1 Nr. 2c StGB in jedem Fall anwendbar, unabhängig davon, ob er in das Kirchenbeamtenverhältnis berufen worden ist oder nicht. Hier gilt nichts anderes als für den Ersatzschullehrer allgemein[90].

Die entscheidenden Bedenken gegen die Anwendung des Verpflichtungsgesetzes auf Kirchenbeamte resultieren aber daraus, daß hier der Staat dem Kirchenbeamten ein Gelöbnis über die gewissenhafte Erfüllung seiner Dienstobliegenheiten im Ersatzschuldienst abnimmt. Damit bringt der Staat zum Ausdruck, daß ihm die durch das Kirchenbeamtenverhältnis begründete Bindung nicht ausreicht. Dafür ist eine Rechtfertigung nicht ersichtlich. Vielmehr folgt aus der Anerkennung des kirchlichen Beamtenverhältnisses vom staatlichen Verfassungsrecht her, daß der Staat von der

---

86 Vgl. oben S. 43 f.

87 Vgl. oben S. 40 ff.

88 Vgl. dazu *May*, Zur strafrechtlichen Verantwortlichkeit von Inhabern kirchlicher Ämter, ZevKR 22 (1977), S. 47 ff.; *Schönke/Schröder*, a. a. O., § 11 Rdnr. 27.

89 Gegen die Anwendung des alten § 359 StGB auf Kirchenbeamte etwa *Friesenhahn*, HdbStKirchR Bd. 1, S. 564.

90 Vgl. oben S. 48.

Gewährleistung der Integrität dieses Beamtenverhältnisses durch die Kirche auszugehen hat.

§ 1 der Vereinbarung des Landes Niedersachsen mit den evangelischen Landeskirchen in Niedersachsen über die Privatschulen vom 10. 9. bis 14. 11. 1957 (MinBl. S. 970) bestimmt, daß für die Schulen in kirchlicher Trägerschaft die staatlichen Bestimmungen über die Privatschulen unbeschadet der Besonderheiten gelten, die sich unter anderem aus der „Anstellung und Behandlung der Lehrer nach den Grundsätzen des kirchlichen Beamtenrechts" ergeben. Hier kommt ein Prinzip zum Ausdruck, daß sich richtigerweise aus dem Verhältnis von Staat und Kirche überhaupt herleitet. Der Staat muß berücksichtigen, daß das kirchliche Beamtenverhältnis die in ihm stehenden Lehrer an Ersatzschulen in eine besondere Bindung zur Kirche versetzt. Er kann auf sie nicht Vorschriften zur Anwendung bringen, die spezifisch auf den öffentlichen Dienst zugeschnitten sind.

Es ist auch nicht möglich, das Verpflichtungsgesetz in diesem Sinne als ein für alle geltendes Gesetz im Rahmen von Art. 137 Abs. 3 WRV anzusehen. Hiergegen bestehen schon deswegen Bedenken, weil es sich nicht etwa um ein Gesetz handelt, das für jedermann oder auch nur für alle Schulen gilt. Vor allem aber erscheint die Anwendung dieses Gesetzes als typisches Beispiel für einen Eingriff, der die Kirche in ihrer Besonderheit als Kirche härter trifft als den normalen Adressaten. Damit handelt es sich insoweit nicht um ein für alle geltendes Gesetz im Sinne der Rechtsprechung des Bundesverfassungsgerichts[91]. Das folgt daraus, daß die Ablegung eines Gelöbnisses über die Einhaltung der Dienstobliegenheiten sowie der Wahrung des Grundgesetzes und der Gesetze für einen Kirchenbeamten naturgemäß eine ganz andere Qualität haben muß als für einen Angehörigen des öffentlichen Dienstes. Es muß hier der Eindruck entstehen, als werde die Loyalität, die dem kirchlichen Beamten gegenüber seinem Dienstherrn, der Landeskirche, obliegt, durch den Staat durchkreuzt und eine über die Loyalität jedes Bürgers hinausgehende besondere Dienstloyalität auch gegenüber dem Staat verlangt. Das ist mit der Anerkennung des Kirchenbeamtenverhältnisses unvereinbar.

Es ergibt sich insofern, daß abgesehen von den Bedenken, die eine Anwendung des Verpflichtungsgesetzes auf Lehrer an Ersatzschulen all-

---

[91] BVerfGE 42, S. 312, 334.

gemein aufwirft, staatskirchenrechtliche Gründe jedenfalls einer Verpflichtung von Kirchenbeamten auf dieser Grundlage entgegenstehen.

6.5 *Kirchenbeamte im Ersatzschuldienst und Verfassungstreue*

Mindestens im Lande Nordrhein-Westfalen vertritt der Staat die Auffassung, daß auf Lehrer im Ersatzschuldienst § 55 Abs. 2 des Landesbeamtengesetzes anwendbar ist, wonach der Beamte sich durch sein gesamtes Verhalten zu der freiheitlichen demokratischen Grundordnung im Sinne des Grundgesetzes bekennen und für deren Erhaltung eintreten muß. Auch hierfür wird offenbar die Grundlage in § 37 Abs. 3d Schulordnungsgesetz gesehen, wonach die wirtschaftliche und rechtliche Stellung der Lehrkräfte an Ersatzschulen der Stellung der Lehrer an den vergleichbaren öffentlichen Schulen entsprechen muß. Das Land verlangt Erklärungen darüber, daß der Lehrer im Ersatzschuldienst vor seiner Einstellung über die „Beurteilung von Zweifeln an der Verfassungstreue von Bewerbern für den öffentlichen Dienst" belehrt worden ist, und er sich bewußt ist, daß die „geforderte politische Treue" zu seinen „Pflichten gegenüber dem Dienstherrn" gehört.

Diese Praxis bedarf wiederum der Erörterung für Ersatzschullehrer allgemein sowie für Ersatzschullehrer, die im Kirchenbeamtenverhältnis stehen. Dabei ist eine Verfassungsbindung herauszustellen, die für Ersatzschullehrer wie für alle Lehrer überhaupt von wesentlicher Bedeutung ist. Die Schulzielbestimmungen der Landesverfassungen gelten für alle Schulen und den Unterricht, der in ihnen erteilt wird. Art. 7 der nordrhein-westfälischen Landesverfassung umschreibt diese Ziele wie folgt:

> „(1) Ehrfurcht vor Gott, Achtung vor der Würde des Menschen und Bereitschaft zum sozialen Handeln zu wecken, ist vornehmstes Ziel der Erziehung.
> (2) Die Jugend soll erzogen werden im Geiste der Menschlichkeit, der Demokratie und der Freiheit, zur Duldsamkeit und zur Achtung vor der Überzeugung des anderen, in Liebe zu Volk und Heimat, zur Völkergemeinschaft und Friedensgesinnung."

Entsprechende Regelungen finden sich in vielen Landesverfassungen[92].

Diese Schulzielbestimmungen der Landesverfassungen, die auch für das Privatschulwesen Geltung beanspruchen, können bei der Genehmigung

---

92 Vgl. dazu die Landesverfassungen von: Baden-Württemberg, Art. 12; Bayern, Art. 131; Bremen, Art. 26; Hessen, Art. 56; Rheinland-Pfalz, Art. 33; Saarland, Art. 30.

von Ersatzschulen sowie bei der Erteilung der Unterrichtsgenehmigung für Lehrer berücksichtigt werden. Soweit Anhaltspunkte dafür bestehen, daß Lehrer sich an diese Grundsätze nicht halten, wäre eine Verweigerung der Genehmigung möglich. Ganz konsequent bestimmt daher auch § 38 Abs. 1 des Schulordnungsgesetzes von Nordrhein-Westfalen, daß eine Ersatzschule nur errichten darf, wer die Gewähr dafür bietet, daß er nicht gegen die verfassungsmäßige Ordnung verstößt und die erforderliche persönliche Zuverlässigkeit besitzt. Hierbei handelt es sich um eine nähere Ausgestaltung für die Einhaltung der Schulzielbestimmungen der Landesverfassung. Die Regelung, die in vielen Bundesländern Parallelen findet, ist unbedenklich[93].

Auf diesem Hintergrund muß die Frage geklärt werden, ob gegenüber Ersatzschullehrern allgemein und insbesondere Ersatzschullehrern im Kirchenbeamtenverhältnis die Vorschriften der Landesbeamtengesetze zur Anwendung kommen, die dem Beamten das Eintreten für die freiheitliche demokratische Grundordnung zur Pflicht machen. Bedenken müssen sich hier schon daraus ergeben, daß § 8 Abs. 2 des Ersatzschulfinanzgesetzes von Nordrhein-Westfalen ebenso wie die dritte Ausführungsverordnung zum Schulordnungsgesetz in § 8 Abs. 4 die allgemeinen beamtenrechtlichen Vorschriften für Ersatzschullehrer nur für anwendbar halten „soweit diese nicht auf der Eigenart des öffentlichen Dienstes beruhen." Es ist aber unzweifelhaft, daß die Verpflichtung zur Verfassungstreue, wie sie in den Regelungen der Beamtengesetze niedergelegt ist, der Eigenart des öffentlichen Dienstes entstammt. Das hat das Bundesverfassungsgericht in seiner grundlegenden Entscheidung vom 22. 5. 1975 auch deutlich herausgestellt. Leitsatz 1 dieser Entscheidung lautet: „Es ist ein hergebrachter und zu beachtender Grundsatz des Berufsbeamtentums (Art. 33 Abs. 5 GG), daß den Beamten eine besondere politische Treuepflicht gegenüber dem Staat und seiner Verfassung obliegt[94]." Zwar hat das Gericht auch für die Angestellten im öffentlichen Dienst eine Loyalität gegenüber dem Dienstherrn als von der Rechtsordnung gefordert angesehen, aber auch hier liegt die Rechtferti-

---

93 Baden-Württemberg: § 6 Privatschulgesetz; Bayern: Art. 9 Abs. 2a des Gesetzes über das Erziehungs- und Unterrichtswesen; Berlin: § 4 Abs. 3 Privatschulgesetz; Bremen: § 9 Privatschulgesetz; Niedersachsen: § 125 Abs. 1 Nr. 2 Schulgesetz; Saarland: § 7 Abs. 1d Privatschulgesetz.

94 BVerfGE 39, S. 334.

gung dafür, wie sich aus den Ausführungen des Gerichts ergibt, eindeutig in der Dienstverpflichtung gegenüber dem Staat[95].

Es ist zu fragen, ob Gründe bestehen, diese auf der Eigenart des öffentlichen Dienstes beruhende Verpflichtung auf Ersatzschullehrer zu übertragen. Diese stehen nicht im öffentlichen Dienst. Die Tatsache, daß von der herrschenden Auffassung die anerkannte Privatschule als Beliehener angesehen wird, kann nicht dazu führen, daß die Angestellten des Beliehenen dem öffentlichen Dienst rechtlich angenähert werden. Es ist gerade charakteristisch für den Beliehenen, daß er nicht zum öffentlichen Dienst gehört[96]. Eine unmittelbare Anwendung der Vorschriften des Landesbeamtengesetzes scheidet daher aus. Eine mittelbare Anwendung über die Regelungen, die eine gewisse Gleichstellung der Lehrer an Ersatzschulen mit Lehrern an öffentlichen Schulen festlegen, scheitert ebenfalls daran, daß hier die Bestimmungen nicht zur Anwendung gebracht werden können, die auf der besonderen Eigenart des öffentlichen Dienstes beruhen. Das bringt das nordrhein-westfälische Schulrecht insofern richtig zum Ausdruck. Gerade die Vorschriften über die Verfassungstreue gehören aber in diesem Sinne zu denjenigen, die auf der Eigenart des öffentlichen Dienstes beruhen.

Rechtlich unbedenklich wäre es dagegen, wenn der Staat bei der Genehmigung gemäß § 41 Abs. 2 des Schulordnungsgesetzes für Nordrhein-Westfalen die Einhaltung der Schulzielbestimmungen der Landesverfassung formularmäßig als Verpflichtung der Ersatzschullehrer abzeichnen ließe.

Insoweit Ersatzschullehrer in das Kirchenbeamtenverhältnis berufen worden sind, wirft die geforderte Erklärung auf der Grundlage der Verfassungstreuebestimmungen der Landesbeamtengesetze zusätzliche Probleme auf. Ähnlich wie bei der Anwendung des Verpflichtungsgesetzes kommt es hier zu einem potentiellen Loyalitätskonflikt, weil gegenüber dem Kirchenbeamten Normen zur Anwendung gebracht werden, die für ein anderes, nämlich das staatliche Beamtenverhältnis geschaffen worden sind und allein für es passen. Die spezifisch für den staatlichen Beamten geltende Verpflichtung auf die Staatsverfassung ist für den Kirchenbeamten unanwendbar[97]. Mit der Anwendung von Normen des staatlichen

---

95 BVerfGE 39, S. 334, 355.

96 Vgl. *Steiner*, Öffentliche Verwaltung durch Private, 1975, S. 222 ff.

97 Vgl. dazu *Maurer*, Freiheit und Bindung kirchlicher Amtsträger, ZevKR 19 (1974), S. 30 ff., 67–69, vor allem S. 68, Anm. 100.

Beamtenrechts auf Kirchenbeamte würde der Staat hier die Eigenart dieses Beamtenverhältnisses mißachten.

Auch hier ist wieder darauf hinzuweisen, daß eine Belehrung von Kirchenbeamten im Ersatzschuldienst über ihre Verpflichtungen aus den Schulzielbestimmungen der Landesverfassungen unbedenklich ist. Hier handelt es sich um verfassungsrechtliche Pflichten, die jedem Lehrer obliegen. Sie sind unabhängig von dem Status, in dem sich der einzelne Lehrer befindet. Insofern hat ihre Anwendung auch nichts mit einer Mißachtung des Kirchenbeamtenverhältnisses zu tun. Diese liegt lediglich in der Anwendung von spezifisch für das staatliche Beamtenverhältnis geschaffenen und nur in seinem Zusammenhang gerechtfertigten Normen.

Daß es im Rahmen des Verhältnisses von Staat und Kirche zu dem im Interesse beider Seiten liegenden Stil einer Zusammenarbeit gehören wird, gegenseitige Informationen auszutauschen, wenn Bedenken über die Einhaltung der Schulzielbestimmungen der Landesverfassungen bestehen sollten, sei am Rande bemerkt. Da hier der Staat notwendig über das bessere Informationssystem verfügen wird, bestehen keine Bedenken dagegen, daß die Kirche sich seinen Informationen anschließt. Ein Rechtsanspruch auf Übernahme in das kirchliche Beamtenverhältnis oder in den kirchlichen Ersatzschuldienst kann noch weniger als im Rahmen des staatlichen Beamtenrechts in Frage kommen. Im Extremfall kann der Staat eine Unterrichtsgenehmigung nach § 41 Abs. 2 SchOG NW verweigern, nachdem die Kirche sich positiv entschieden hat, weil der Staat weiß, daß Bedenken gegenüber der Einhaltung der Schulzielbestimmungen vorliegen.

Es ergibt sich damit, daß die Vorschriften über die Verfassungstreue im öffentlichen Dienst auf Lehrer an privaten Ersatzschulen allgemein nicht anwendbar sind, auf jeden Fall aber gegenüber Lehrern im Kirchenbeamtenverhältnis ausscheiden.

Auf der anderen Seite unterliegt der Unterricht an kirchlichen Privatschulen wie an allen Schulen den Schulzielbestimmungen der Landesverfassungen. Hieraus folgt, daß der Staat bei der Erteilung der Unterrichtsgenehmigung Bedenken, die gegen einen Lehrer hinsichtlich der Einhaltung dieser Bestimmungen bestehen könnten, geltend machen kann. Grundsätzlich muß es als Aufgabe der Kirche angesehen werden, die Einhaltung dieser Bestimmungen bei der Führung einer kirchlichen Privatschule zu gewährleisten.

7. Zusammenfassung der Ergebnisse

1. Art. 7 Abs. 4 GG enthält eine Grundrechtsgarantie der Privatschulfreiheit. Sie gilt auch für die Ersatzschule, deren Genehmigung die Gleichwertigkeit (nicht Gleichartigkeit) der Erziehungsziele mit der öffentlichen Schule voraussetzt.

2. Besondere Gefahren drohen der Ersatzschule, die als anerkannte Ersatzschule unter stärkerem staatlichem Einfluß steht. Dieser Einfluß folgt aus der Notwendigkeit einer Kontrolle der Versetzungen und Prüfungen. Auch für diese Schule gilt aber das Freiheitsgebot des Art. 7 Abs. 4 GG. Die Aufsicht darf nicht über das für ihren Zweck Gebotene hinausgehen.

3. Die Schulaufsicht über Privatschulen ist grundsätzlich Rechtsaufsicht. Bei anerkannten Ersatzschulen, für die die staatlichen Prüfungsvorschriften gelten, kann sie deren Einhaltung kontrollieren. Sie darf aber auch die anerkannte Ersatzschule nicht einer allgemeinen Fachaufsicht unterstellen.

4. Lehrpläne und Stundentafeln, Ferienordnungen und Mitwirkungsregelungen gelten nicht automatisch für Privatschulen.

5. Das Staatskirchenrecht schützt die Schulen in kirchlicher Trägerschaft besonders und verpflichtet den Staat, bei Ausübung der Schulaufsicht auf die Besonderheiten der kirchlichen Schulträgerschaft Rücksicht zu nehmen.

6. Das Dienstrecht der Lehrer an Ersatzschulen kann nicht undifferenziert dem staatlichen öffentlichen Dienst angeglichen werden. Das kirchliche Beamtenrecht muß vom Staat anerkannt werden.

7. Das Verpflichtungsgesetz ist für Lehrer an Ersatzschulen nicht anwendbar. Keinesfalls kann von Lehrern im Kirchenbeamtenverhältnis eine Verpflichtung verlangt werden.

8. Die Vorschriften des Beamtenrechts über die Verfassungstreue sind für Ersatzschullehrer und für Kirchenbeamte nicht anwendbar.

9. Die verfassungsrechtlichen Schulzielbestimmungen gelten auch für Privatschulen. Ihre Einhaltung kann bei der Erteilung der Unterrichtsgenehmigung für Lehrer an Ersatzschulen vom Staat kontrolliert werden.

www.ingramcontent.com/pod-product-compliance
Lightning Source LLC
LaVergne TN
LVHW042251300926
849161LV00003B/552